让孩子自发学习的方法

[日] 江藤真规 著　罗晶 译

机械工业出版社
CHINA MACHINE PRESS

勉強ができる子の育て方 江藤真規著

BENKYO GA DEKIRU KO NO SODATE KATA

Copyright © 2009 by Maki Eto

Original Japanese edition published by Discover 21, Inc., Tokyo, Japan

Simplified Chinese translation rights © China Machine Press by arrangement with Discover 21, Inc. through ERIC YANG AGENCY.

This title is published in China by China Machine Press with license from Discover 21, Inc. This edition is authorized for sale in China only, excluding Hong Kong SAR, Macao SAR and Taiwan. Unauthorized export of this edition is a violation of the Copyright Act. Violation of this Law is subject to Civil and Criminal Penalties.

本书由 Discover 21, Inc. 授权机械工业出版社在中华人民共和国境内地区（不包括香港、澳门特别行政区及台湾地区）出版与发行。未经许可的出口，视为违反著作权法，将受法律制裁。

北京市版权局著作权合同登记 图字：01－2017－4406 号。

图书在版编目（CIP）数据

让孩子自发学习的方法／（日）江藤真规著；罗晶译. —北京：机械工业出版社，2017.9（2021.10重印）

ISBN 978－7－111－57881－9

Ⅰ.①让… Ⅱ.①江… ②罗… Ⅲ.①家庭教育-经验-日本 Ⅳ.①G78

中国版本图书馆 CIP 数据核字（2017）第 213570 号

机械工业出版社（北京市百万庄大街22号 邮政编码100037）
策划编辑：谢欣新 刘春晨 责任编辑：刘春晨
责任校对：李 伟 版式设计：张文贵
封面设计：吕凤英
三河市国英印务有限公司印刷

2021 年 10 月第 1 版·第 9 次印刷
145mm×210mm·5.75 印张·94 千字
标准书号：ISBN 978－7－111－57881－9
定价：49.80 元

电话服务　　　　　　　　　网络服务
客服电话：010－88361066　　机 工 官 网：www.cmpbook.com
　　　　　010－88379833　　机 工 官 博：weibo.com/cmp1952
　　　　　010－68326294　　金 书 网：www.golden－book.com
封底无防伪标均为盗版　　　机工教育服务网：www.cmpedu.com

"从何时开始意识到要考东京大学的呢?"

"为什么要选择东京大学呢?"

"为此,做了怎样的努力呢?"

现在东京大学比从前更具有知名度和影响力,我经常会被人这样问起。

"无论如何都想把孩子送进东京大学。"

"希望让女儿更努力地学习。"

"想为我儿子升中学考试树立榜样。"

或许是出于以上种种想法,大家购买了这本书。

的确,我家的两个女儿今年都考上了东京大学。这并非是偶然或者侥幸,也并非什么都没做而坐享其成。也许,从某种意义上来说,是由于从小养成的习惯,以及所处的生活环境使然。

回首过去,从孩子们尚且年幼的时候开始,我就会给予她们较多的激励来促使她们学习。我不断努力让她们能够切身感受到"学习"的乐趣。

与其他的孩子相比,我不知道我家孩子们的学习量是多还是少,但是,她们"学习了",这的确是事实。

一路走来，直到今天，若是说，我总是充满自信地认为我很好地培养了孩子，却也并非如此。实际上，我也曾经是一个充满不安的母亲。但是，虽然有时也会烦恼、焦虑，却唯有在"我在培养孩子""我要守护孩子"——这种源于母爱的想法上，我有着不输给任何人的自信。

　　恐怕每一位母亲，都有着和我一样的心情吧。

　　两个女儿都考上了东京大学后，作为母亲，我非常欣慰，也以她们为骄傲。但是，最让我感到高兴的，并不是她们成了东京大学的学生，而是她们在考上了东京大学之后，也仍然拥有梦想，始终抱有继续努力、积极向上的生活态度。

　　的确，女儿们十分努力地学习，但她们并不是只会学习的姑娘。大女儿已经成长为一个有着坚定目标的人，她的理想是成为能够为社会做贡献的好医生；小女儿也拥有伟大的理想，虽然还没有明确的目标，但是为了让更多的人过上丰裕的生活，她想让自己拥有更加良好的修养，向这个社会传播知识。

　　女儿们虽然忙于备考，但已经成长为既能享受自己的兴趣爱好，也能放眼于广阔世界、了解别人疾苦的人。我在为她们能够有如此显著的成长而感到骄傲的同时，也深有感触，我的教育方式并不是毫不出错、一帆风顺的，而是迂回曲折、有着种种失败的经历，遇到过各种突发情况，磕磕绊绊地走到今天。然而，正是因为这样的经历，我才确信女儿们的心胸会宽广博大。虽然培养孩子的过程会历尽坎坷、遇到各种情况，但我认为这是一件很好的事。在这个过程中，可以学到很多、发现很多，而且父母和孩子都会成长为能够给予他人关怀，心胸宽广的人。

在教育孩子方面，我重视这6点

关于考上东京大学，大家向我提出了很多问题。

"您也是进行了极为严格的斯巴达式教育吗?"

"教育孩子有什么秘诀吗?"

有什么特别的吗? 并非如此。只是在我和女儿的相处中，有一些方面我会特别重视。

1. 我不认为有多困难

无论多难考的大学，总会有人考上，并非难以实现。

2. 重视沟通

家人之间不能缺少交流，所以我特意营造出很多谈话时间。

3. 重视环境

首先要创造能够学习的生活环境，争取做到能够更高效地学习。

4. 收集大量信息

尽可能收集大量的信息，从中进行筛选。

5. 做"溺爱"的父母

比任何人都信任孩子的能力，并且将信任化作语言表达出来。

6. 另外，还有一个尤其重要的关键词：

不要假手于人

自己的孩子要靠自己培养。并不是为了孩子而培养孩子，也不是受人之托而培养孩子，更不是谁"让我"来培养孩子。自己的孩子自己培养，用自己的意志来培养，我认为在现今，拥有这种意识是对每一个为人父母者提出的最重要的要求。

孩子的培养不要假手于人，换而言之，也就是说，不要逃避、不要依赖他人、不要归咎于他人。

培养孩子的确很难。要把他培养成为一个独立的人，当然是很不容易的。正因为不容易，所以只能自己亲力亲为。对于这一点，我对自己感到很满意。

并不是"为了孩子"，而是"为了自己"

回首过去，至今仍有一句话在我的脑中浮现。这是一位朋友的话，是在我女儿上中学时说的：

"你是为了谁而培养孩子的呢？"

当时的我，很容易将过错归咎于别人，还是一个很不成熟的母亲，心里有着"吃亏"的情绪，开口闭口总是埋怨和不满。那时的我，在对教育孩子的种种困难发出抱怨时，朋友说道："如果你不喜欢做的话，就放弃吧。"

"啊?"我感到不解。

"如果你自己真的感到厌烦的话，不是可以放弃吗? 不必那么拼命去做，不是吗? 又没有人逼你做，为什么不放弃呢? 不喜欢的话就不要做吧。"

对我而言，那是一番让我顿悟的话语。

是啊! 是因为自己想做所以才做的，并没有任何人命令我做这件事，而是"自己要做"。

"自己"这个词，在我心里狠狠地戳了一下。

那之后，我发生了改变，那就是通过改变"主语"，来改变我的人生。

在那之前，主语是"他人"，而在我意识到了这一点之后，主语变成了"我自己"。

"因为你希望"变成了"因为我希望"。从而，我开始意识到了要以自己为主体去思考。

仅仅因为这样一件事，就使我心中产生了极大的转变。培养孩子，是我自己选择的路，同时也是我让她们学习的。

在此之前，我会说"我这么拼命地为你做了一切，为什么你却不明白"? 现在我已经明确地认识到，其实是"我在让她学习"，所以，生气的次数也毫无疑问地减少了。

"女儿不爱学习""必须把儿子送入好大学"，若是改变了主语，心情一下就会发生变化。

"我想让女儿学习，这是因为，学习能使人更有自信、感到快乐。"

"我想把儿子送入好的大学，这是因为，这样做的话，今后他的人生会有更多可能性。"

令人感到不可思议的是，仅仅只需要把主语改成自己，就能充分理解孩子的心情了。

因为是我想让女儿学习，所以她现在即使不想学，我也没办法。要怎么做才能使她有学习的动力呢？要怎么做才能赋予她学习的动力呢？当我像这样开始思考的时候，对孩子发火的情况也随之减少，取而代之的是，夸奖的次数开始增多了。于是，毫无疑问，孩子的笑脸也多了起来。

在培养孩子的方法里，没有正确答案，如果孩子出错的话，那么所谓适合他的培养方法也会出错。"只要这样做，就能成为好母亲，就能培养出优秀的孩子"，这样的逻辑是不成立的。

改变主语，清楚地拥有"自己希望"的意识，养成不假手于人的品质，这样的话，父母也会建立起自信。

我的做法，对我的孩子是最好的，因为最了解孩子的，莫过于父母。

自己的孩子自己培养。有了这种观念之后，就能坚定地保持心理平衡，就能够在培养孩子时乐在其中。

在我们漫长的人生中，参与培养孩子的过程，其实是相当短暂的。拥有一个孩子，把他培养成人，这是一件责任极大、充满艰辛与坎坷的事情。但是我现在强烈地感受到：再没有比培养孩子更有意义、更有价值的工作了。

不假手于人！不甩给学校！不寄希望于补习班！

我的孩子，我培养。

当你意识到你人生的主人公就是你自己时，奇迹就会发生。

CONTENTS
目 录

X

第5章 成功考入名校的学习方法 // 119

第 1 章

只要快乐地学，就一定有收获

没有哪个孩子是不经过练习就会弹钢琴的吧？
也没有哪个孩子是不经过练习就能加入足球队的吧？

学习也是如此，没有一个孩子是不经过学习就能变得善于学习的。

正因为喜欢，所以才会熟练。

正因为喜欢，所以才能坚持严苛的钢琴练习。

正因为喜欢，所以才能持续辛苦的足球训练。

正因为喜欢，所以快乐，甚至可以忘记时间的流逝，无论多少练习都能做下去。

于是，才会不断地进步。

正因为喜欢，所以才能坚持下去。

学习也是如此。如果周围是一个让人喜欢学习的环境，那么，学习也能坚持下去。

学习的乐趣由父母传递

"大家认为学习是快乐的事吗？"

向日本孩子问这个问题时，大多数孩子一定会回答"NO"吧！刚买来新书包的时候，一脸期待地说着"上小学后，我一定会好好学习"的孩子，却不知为何，在上学的过程中，似乎渐渐地感觉学习变得越来越无趣了。

是什么让他们开始讨厌学习了呢？

那么，试着向大人们询问同样的问题，回答也仍然是"NO"吧！

"哎呀，因为我不太喜欢学习啦……"

但是，如果把"学习"替换为"学"，向大人们询问"你喜欢学吗"，可能回答"YES"的人占大多数吧。

我们往往会给"学习"贴上"无聊"的标签，这似乎是一个误解。

"学"和"学习"原本是极其相近的词，说到"学习"的话，马上就会有一种被强迫的、无趣的印象。而所谓的"学"，就是了解新事物，也就意味着快乐。因为，在那个词语里蕴含了"自己喜欢的事情""自由"的意义，所以，也许可以说"学"是令人喜欢的一件事。

但是所谓"学习"，就意味着与自己的好奇心无关，是作为一种义务被强加于自己身上，并且附加了被他人评价的意味。

并且，还有一种较极端的错误看法，认为爱学习的人就是无趣的人。这种看法似乎也已经充斥在孩子们的周围了。

也许，有些孩子会认为"学习是很有趣的事情"，但不知为什么，在日本文化中，这句话是不可说出的"禁语"。

如果说出一些什么"喜欢学习"之类的话，一定会被周围的人以异样的眼光看待，被大家认为"是个奇怪的家伙"，这真是一种令人感到不可思议的独特文化。

这也许就更会使孩子对学习产生消极的心理吧。

学习本来应该是快乐的

有很多人在成年之后，会自发地重新开始学习。

我的周边就有很多这样的成年人，而且，大家都会异口同声地说"学习很快乐"。在繁忙的工作之余，抽时间去参加研讨会、演讲比赛以及学习文化学校的函授课程等，真不知是从哪里来的能量，促使他们在学习上花费时间和金钱。

也许，等长大了之后，不再被父母逼着学习了，被长期"封印"的"求知心"才又回到了自己身上。如果是这样的话，真是一件让人遗憾的事情。

我们成年人正因为懂得了学习的乐趣，所以才应该把这种乐趣向孩子们传达。

"学习"和"学"是一样的。

首先，应该消除对"学习"抱有的"无聊"的误解，消除"被迫学习"的感觉，要把曾经给学习贴上的消极标签一个一个全都撕掉，这样的话，就会变成"快乐地学习"。

把这种"快乐学习"理念传递给孩子，这正是我们父母的责任。

不要成为"音乐之家"，而要成为"学习之家"

那么，怎样才能向孩子传达这种乐趣呢？

很多时候对孩子是说不通道理的，所以，让孩了看到我们大人学习的样子才是最好的方法。

孩子是看着父母的行为成长起来的，如果想培养出喜欢学习的孩子，父母自己就要对学习抱有积极的态度和浓厚的兴趣，也许这就是最快捷的方法吧！

对孩子大声呵斥"快去学习"之前，父母首先就要以身作则，饶有兴致地打开书本，把自己认真学习的姿态展现给孩子。

学习的内容并不重要，也没有必要一定去选择内容很深的书本。只要是你感兴趣的东西，例如：服装剪裁、烹饪、园艺、围棋、象棋等，这全都是"学习"。通过读书了解新知识，认真地去做一件事，那种姿态一定会传达到孩子们的心里，给他们带来积极的影响。

如果说出"很快乐"，效果会更好。

自己的父母看起来很快乐地在学习，这在孩子们的头脑中，就会产生"学习 = 快乐"的等式。孩子们会比我们想象的还要更加仔细地观察着我们。

正如出生在音乐之家的孩子，多数被寄予希望将来成为音乐家。孩子们从小时候开始，通过身边环境的耳濡目染，就能够形成自己的"强项"。

如果想培养出喜欢学习的孩子，首先父母就要享受学习。

要营造出"学习之家"的氛围，而非"音乐之家"，这对于"享受学习"来说，也是很有效的。

"学习"与"学"相同，都是快乐的事情。

我喜欢学习，喜欢学习有什么不好呢？

大声说出"喜欢学习"，就会成为爱学习的孩子！

乍一看上去，这似乎是绕了远路，但是，如果你希望孩子学习，就不要试图"让他学习"，而是从"让他喜欢学习"这一点开始努力吧。

人最终还是只会做自己喜欢做的事。

"好学"也是一种个性

擅长踢足球、擅长弹钢琴、擅长跳芭蕾……孩子们有着种种擅长的事情，而且直到正式上学之前，他们都会毫不扭捏地在大人面前说出自己所擅长的事情。

但是，开始上学之后，一旦养成了所谓"社会性"的话，他们几乎就不再说出自己的强项了。明明会的事情，却秘而不宣，明明拿手，却三缄其口，变得"谦虚谨慎"起来了。

表现出自己擅长学习，越来越成为禁忌。能够鼓起勇气说出"我喜欢学习"的孩子也几乎没有了。不知为什么，擅长学习会比擅长其他的事更容易受到身边同伴们的嘲笑。

是因为"会学习＝书呆子"吗？还是因为"书呆子"本身不被人抱有好感呢？真是奇怪的想法啊！

但是，在我们家，由于孩子小时候生活在美国，因此情况完全不一样。

美国的孩子们，实际上会自然而然地说出"我擅长……"即使只会一点儿，也宛如一个老手一样，充满自信地展现自己。

而父母也会为他们的这种劲头加油打气。父母们会向周围人说"我们家孩子会做这个"，充分地表现出孩子的强项。听到父母这样说，孩子也会感觉得到了大家的认可，心中越发喜悦，而这种喜悦也会化作一种动力，自我形象也会随之提升，使自己越来越自信。

即使是喜欢学习，也不会被人以奇怪的眼光看待，喜欢学习的孩子可以堂堂正正地说出"我喜欢学习"。

并非因为这样而了不起，也并非因为喜欢学习就成了无趣的"书呆子"，喜欢学习和喜欢踢足球、喜欢弹钢琴是一样的，都是一种个性，没有必要隐藏，也不需要那种奇怪的、谦虚的风气。

说出"喜欢学习"，就会拥有自信

那么，说说日本的情况吧。关于学习，不知为何大家对此总是有些避讳，必须向外人隐藏自己取得的好成绩，也必须隐瞒自己正在努力的事实。

虽然对外必须掩饰自己，但在家里却被父母要求努力学习。无论通过努力变得多么优秀，在外人面前父母决不会夸奖孩子。不仅如此，即使自己在家已经十分努力地学习了，父母却还是在外人面前摆出一副烦恼的神情，说"我们家孩子啊，根本不学习……"

学习不可能有趣。如果是这样想，那么，对学习提不起劲，也是理所当然的结果了。父母也好，孩子也好，如果都过于在意一些没有必要在意的事，我认为这无异于是一种能量的浪费。

如果停止这种能量的浪费，能大胆地说出喜欢什么、擅长什么的话，我们周围的环境也会焕然一新吧！

会学习与擅长踢足球是一样的，都是孩子的个性，原本就没有必要隐藏起来。对于喜欢学习的孩子，首先，父母就要毫不隐讳地向外人说出来"这孩子喜欢学习"。

喜欢学习与喜欢音乐也是一样的，一旦说出口的话，孩子的身上就会重新拥有极大的自信。而且，孩子也会认识到自己的强项，变得越来越有兴趣，这就是自信的连锁反应。

对于孩子的强项，无论在家里还是在外人面前都要大胆地说出来！这样的话，就会产生一种良性循环，我们做父母的要去主动创造一个能让孩子顺畅说出自己所喜爱、所擅长的事情的环境。

认为是对的事，就要毫不犹豫地去做，这样才会有所收获。

入学考试会成为人生的精神食粮

假如孩子要面临入学考试，为了备考，当然会努力学习。孩子在目前所在的学校，当然也会学习，虽然都是学习，我却感到这两种学习有着很大的不同。

学习和备考，到底有着什么样的区别呢？

所谓学习，是从进入小学的第一天就开始，并不断延续至将来的事。虽然学校为了确认学生对知识的掌握程度，安排了种种考试和测验，为了了解学生在集体中的水平而排出名次，但是学习并没有明确的终点，没有规定必须学什么，学到什么时候结束。学习是无止境的，会一直持续下去。

在学校学习着教科书上的内容，例如无论是否擅长算数，孩子们都学习着同样的课程，就像大家一齐行走在平缓的坡道上。

备考却完全不同，它是以进入某一所学校为目标，为了考上那所学校而学习，要求达到那所学校划定的分数线，而且考试的日期也是固定的。因此，在那一天必须拿出成果，哪怕一天都不会多给考生。

学什么，学到什么时候，有这种明确"终点"的，就是备考。而且，自己是否学习了，是否掌握了，其结果是有着很大不同的。所以必须要背负着极大的压力去学习，这就如同攀岩一般。

为了努力地攀岩，孩子们必须集中注意力、专心致志，从平时宛如行进在平缓坡道上的学习中，得到知识、常识，并培养出认真学习的态度。如果是喜欢的科目，也会有好奇心和想要钻研下去的毅力吧。

从备考中所能得到的东西，却和上述有一些不同。知识自不待言，在精神方面得到的锻炼也会更大。正因为要向着某一目标全神贯注、集中全力，所以更能得到锻炼，从中收获的也更多，会得到很多成为今后人生精神食粮的东西。

没有一种备考是为了让人享乐

虽然一言以蔽之都叫作备考，却不尽相同。比如说，在报考中学时，就有这样一些不一样的看法。

一种是像我家这样的，是为了培养孩子学习的能力，并且将这种能力运用在大学考试中，即应试能力。

还有一种情况是，不是为了提高应试能力，而是把交友放在优先位置，把孩子的人生扩展到学习以外的方面。并不是说哪一种更好，这些都是各个家庭不同的教育方法。

无论怎样，既然要备考，那么就会培养出各种能力，这些能力也会成为孩子们人生中宝贵的财富。

而且，无论报考哪一类学校，考试绝不是为了让孩子在今后享乐的，而是为了让他们能够更好地努力，活出充实的人生，跨越更高的障碍，培养出为了实现这些目标而努力的一种能力。

考试很快就会结束，但在那之后，学习还会继续下去，正所谓"学无止境"。

孩子们在考试中会攀上一座高高的山峰，在那之后，仍然会在一个平缓的道路上继续学习。

人的成长永无止境。

在备考中被赋予的"努力的能力"和"高效化"

通过备考，孩子们首先获得的就是"努力的能力"。

向着目标咬紧牙关，发挥出自己最大的能量，这就是"努力的能力"。

因为人往往会倾向于轻松的方式，所以，如果不置身于严苛的环境之中，是无法真正拼尽全力的吧。

与此同时，还有一个能够掌握的技巧，那就是时间的高效化。

要向着考试的那一天不断努力，那么，就必须在有限的时间内尽可能多地学到知识。

时间不够，这也许是考生共同面临的问题。在考试中，因为时常要考虑到如何有效利用时间来答题，所以我的孩子们首先就养成了提高"效率"的习惯。

我的孩子们在备考中培养起来的"努力的能力"和"时间的高效化"，在她们今后的人生中起了很大的作用。

正如一次越过的障碍，在下一次就能够更轻松地跨越，在一次考试中咬牙努力过的孩子，不管以后遇到什么大的问题，也能够同样地做出努力。

考虑如何让时间高效化的思维方式一旦在头脑中形成，无论做什么都能快速掌握要领，能够把时间最充分高效地利用起来。高效利用时间的方法无论是在工作上，还是在家庭生活中，都会起很大作用。

即使是由于父母的话才开始想要报考，但为了实现目标就会拼尽全力，这也会有益于今后的人生。我希望我们为人父母者，要向孩子们说明这种努力是多么值得称赞，以及通过努力能够得到多么宝贵的人生财富。

备考的确不容易，但是也没有必要因此觉得有多么令人同情。

如果父母也这样想的话，孩子们就会退缩，无法全力以赴。如果孩子想着自己是多么的悲惨，直到考试结束之前都要拼命忍耐种种辛苦，那么，感觉作为考生的日子只是在等待着苦难的结束，他们就会形成一种被动的姿态，结果导致自己无法去主动争取什么。

其实作为考生的这段时间，是培养种种技能的绝好机会。

首先，父母要对考试抱有积极乐观的心态，大大地鼓励、大大地表扬、大大地认可，这样做的话，孩子也一定能够打起精神，我们父母的精神状态也会传递给他们。

经过备考的过程，除了实现目标，还能得到这么多的好处，真是很棒的经历。

通过这样的经历，孩子们会获得很多的人生财富，作为父母的我们，只需在他们身边，为他们加油，默默地守护。

"被动学习"的孩子无法进步

在备考的过程中，需要培养一种技巧，那就是突破考试压力的学习能力。

这并不是头脑是否聪明的问题，而是一种能够解答学校自主制定的考试问题的能力，是在考试当天能够使自己的应试能力处于巅峰状态的掌控力，是不会紧张、最大限度发挥自己实力的意念。各种力量相互作用，就会引导人走向成功。

为了实现目标，只有学习这一条路，不去做与你报考的学校相关的练习，即使是天才，也不可能成功吧。在这一方面，训练很重要。

父母的任务，就是如何让孩子像前文所说的那样快乐地进行学习。

这一点在第 4 章我将会详细陈述。可利用的方法虽然根据不同年龄段的孩子特点而有所差异，但目的都是用各种方法去激发孩子的学习兴趣。孩子能够自发、高效并且快乐地学习，这就是最重要的目的。我也是在经过种种尝试之后才掌握了这样一种方法。

可以说孩子是需要自发学习的，被动学习和自发学习在花费同样的时间后，所得到的效果却大不相同。

的确，如果孩子是被迫学习的话，那么他们其实是很不情愿的，越是乖顺的孩子，只要父母严厉地吩咐，他们就会去学习，用大量的时间，做大量的习题。乍一看，他们的确是在好好地学习，可是，被强迫的学习中没有快乐可言。没有快乐的学习，充其量也只是完成任务而已，这种学习是不会持续多久的，他们在中途就会耗尽力量，无法走到成功的终点。

并且，对于被强迫的事情，很多孩子也会产生抵触情绪。对于学习，如果只是强硬地命令孩子，是没有什么效果的吧！在跨越考试这道难关时，如果自己都不感兴趣，没有无论如何都要成功的意愿的话，是无法在最后阶段全力冲刺的。

怎样才能让孩子有自发学习的意识？

父母所能做的，不是自己在旁边瞎指挥，而是为了让孩子有这种自发学习的意识，用智慧去对待。

方法有许多种，不过最重要的是要适合孩子。

在我们家，对于我的孩子最有效的，就是让她们充满自信。首先，要给予她们赞扬，这样一来，她们就会充满干劲。

但是有些孩子不喜欢只是一味地表扬，这种时候，最好询问孩子的意见，无论是谁，当自己的意见被询问时都会感到高兴，因为这会让他们有一种得到别人认可的感觉。

对于孩子们正在做的事，哪怕只是说出口，都会产生不一样的效果。

"学习真努力啊！"

"起得真早啊!"

"作业这么快就做完了吗?"

感觉到父母正在关注着自己，孩子们就会干劲十足，因此就会培养出自信。

此外，无论如何都想进入自己所报考的学校的这种热情，对于备考来说也是必要的。

一起去那所学校参观，和那里优秀的学长们交流，若无其事地把那所学校的相关资料放在家里，为了让孩子想去那所学校，这样种种的安排，也是有效果的。

父母在前面拽着孩子，在后面推着孩子，在旁边陪伴着孩子，经过一段时间，孩子就会逐步形成自发学习的意识。

试着让孩子解答较难的问题，不要说任何意见，只是陪伴在身边，赞扬他，为他加油打气，父母此时的任务就是与孩子的状态保持平衡，这也是只有父母才能做到的事情。

不仅要让孩子做，自己也要做，父母要拿出智慧去面对这一切。

只要相信自己培养孩子的方法，对自己作为父母的能力抱有自信，就没有问题。

孩子自发地想要去做什么的时候，他的学习能力就会大大提升，技能也能得到拓展。

小升初：父母与孩子齐心协力共同迎接挑战

最近，小升初考试的竞争越来越激烈。（译者注：日本小升初不硬性规定划片或排位，而是自主选择上国立、私立还是公立学校。不同的中学实行不同的入学制度。虽然大部分的公立学校不需考试就能升入，但是大多数家长和考生还是更加青睐教育资源更有优势的私立、国立或部分公立学校，需要通过选拔才能进入这些学校，这也造成了日本"小升初"的激烈竞争。）

为什么要让孩子报名参加小升初考试呢？

"因为当地公立学校的口碑不太好。"

"因为希望孩子在有着同样成长环境的伙伴中长大。"

"因为想让他考名校。"

"因为想让孩子更努力一些。"

在各种各样的理由中，有一个理由让我深有感触——"因为孩子说想试试看。"仅仅只是一个小学生，果真就已经为自己的将来着想，发自内心地想要参加小升初考试吗？

即使真的是孩子自己说"想参加考试"，但大部分原因在于考试是父母的希望，孩子只不过是受到父母的影响，所以才有想参加考试的愿望而已吧。或者是因为身边的朋友正在上补习班，看起来很有趣，所以因为好奇心也想尝试一下吧。

首先，我们做父母的必须要做的是，让孩子清楚报考的目的。不是去问孩子，而是要让他清楚父母的希望是什么。

父母为什么要让孩子参加考试？考试会给孩子带来什么样的好处？考试的目标是什么？

以自己培养孩子的方法为中心，仔细考虑，并且必须由父母自己来决定。说到底，之所以让孩子参加小升初考试，这也是家庭教育中的一环，父母要意识到这是自己的希望，也是自己选择的。

为什么我们家孩子会选择需要入学考试的中学？

我也让我的孩子们报名参加了小升初考试。

在此之前，我不记得自己是否有着这方面的强烈意愿，但最后，劝导她们报考的正是我。

我们家的孩子从小就在美国居住，还没有过在日本上学的经历。在大女儿上小学六年级，小女儿上小学四年级的时候，我们回到了日本。因为缺乏在日本被视作理所当然应该知道的常识和知识，所以，为了让她们尽可能快速地融入这个新环境，我想让女儿们在归国子女比较多的学校学习，这曾经是主要的原因。并且在中学、高中，能够扎实地培养学习能力。关于大学，我认为无论是在日本还是在美国，让孩子选择自己心仪的学校即可。我希望她们能够拥有自主选择目标学校的能力。虽然孩子对学习没有什么抵触情绪，但即便如此，由于补习班的压力很大，再加上作业量很多，需要在家做的事情堆积如山。虽然也想象过考试的严峻情况，但实际情况却远远超出我的预想。

那是我最害怕的一段时间。为了让孩子完成她们必要的学习任务，我也拼命努力过。其实我自身的压力也相当大，以至于有时会冲着孩子们发火，母女之间的争吵时常发生，有很多需要自我反省的地方，在这一点上，我绝不是一个合格的考生母亲。

但是，通过在这次备考期间母女的共同努力，我们都收获了很多。对于孩子来说，那时的努力成为今后学习的基础，那时培养出来的"努力的能力"，在考大学时也发挥了巨大作用。

即使对于我而言，通过和孩子们一起努力，一起经历重重的失败之后，也发现了自己的不足之处，使自己变得更加成熟。

"幸好让孩子们参加了小升初考试！"即使现在，我依然时常会这样想。

受挫时，要想想自己的目标

在小升初考试中，学习的主体当然是孩子，但是，握有看不见的主导权的，还是从心底里希望孩子幸福的父母。让父母清楚自己的职责所在，也许是获得考试胜利的最重要的事。

在我们家，我在备考过程中的作用就是：营造良好的学习环境。即使让她们独立学习，我也会不断送去充满正能量的加油声。

备考绝对不是一件痛苦的事，而是面向将来，为了获得卓越的成果所做出的努力。为她们的努力送上充满正能量的加油声，这就是我的责任。

每一个家庭中，让孩子报考的动机各有不同。无论是什么，对于父母和孩子来说都不是一件容易的事。在这个过程中会有种种烦恼产生，这也是无可奈何的。能力再强的孩子，也绝对不是一路顺利地走过来的。

遇到问题的时候，或者有人提出反对意见的时候，还有自己想要放弃的时候，请再一次回到最初的心态，问问自己：为什么要报考？想从考试中获得什么？父母的作用是什么？

　　如果你能想到明确的目的和目标，能够很好地把握作为父母的责任的话，就会再一次涌出向前走的勇气和意志。每一个报名参加小升初考试的家庭一定都有着自己充分的理由。

第 2 章

教育型妈妈的教育方式

被什么样的父母教育，孩子才会成为最幸福的人呢？

孩子希望父母是什么样的呢？

孩子长到 20 岁就跻身于成年人的行列了。

但是，父母在孩子出生的那一刹那就成了父母，即使在孩子长大成人后也依然是他的父母。

父母的责任是一直固定的。但是正如孩子会长大一样，这 20 年间，父母也会成长。我常常想着：我要成为合格的母亲……

职业：教育型妈妈

我是 24 岁结婚的。

大学毕业之后的第二年，我比任何一个朋友都更早地结婚了。

现在在这里说着"人生中有目标是很重要的，要目标明确地生活"的我，如果问当初自己的目标是什么，很难为情地说，我也想不起来了。只是在每一天每一件让我快乐的事情当中，一味追求眼前的享受。由于太年轻，所以对于担负起一个家庭的重任，以及履行作为母亲的职责，没有感到丝毫不安。

直到那时，我都还是有着优越感、年轻气盛的。因为我就是一路顺利地走过来的所谓"优等生"。

从小认真地学习，顺利地升学、就业，在父母的呵护下舒适地生活着，就这么一帆风顺地成长起来。

也许在我就业之前，模模糊糊地在心里就有着结婚的想法吧。只是想接下来就应该结婚，尝试婚姻生活。

在结婚前从未独自生活过的我，在 24 岁结婚，半年后怀孕，然后在 25 岁时，成为一名母亲。

从此，我的人生就发生了很大的改变。

为了腹中的孩子向着"宅建考试"挑战

养育孩子是很不容易的。

失去了自己的时间，无法自由地出门逛街，工作也必须减少……也许对于女性来说有很多负面的实际因素，但是，当我得知自己怀孕了之后，却并没有感觉到有这样或那样的不安。

我至今还记得，当得知自己怀孕的那一天，在从医院回家的路上，我买了一本育儿杂志。在此之前总是买时尚杂志的我，在那一天却买了一本育儿杂志。真是不可思议的感觉。翻开那本杂志，展现在我眼前的，是一个全新的世界，未知的领域，一种温柔的震撼力打动了我。

"我要成为母亲了……"也许就是这本杂志，点燃了我心里的热情。

"收集信息，有一天一定会发挥作用"，这句话成了当时我的座右铭。

从那一天开始，我的兴趣就转移到了育儿的领域。

最初只是兴趣。当我意识到在我腹中有一个小生命时，在好奇心的驱使下，我开始做起了胎教。每天在家里播放莫扎特的音乐，并且就像是发送信息似的，对着腹中的胎儿说着这样那样的话。

那段时间，手头的育儿杂志已经相当多了。一边阅读，我一边想着：我要培养聪明的孩子。那么，是不是我自己也要多学一些才好呢？当宝宝还在腹中的时候，母亲开始学习的话，那就会成为一种无形的刺激，一定会带来好的效果吧。

似乎从那时候开始我就对开发孩子的能力产生了兴趣。如果我学习的话，腹中的孩子应该也会和我一起学习吧！我带着这样无根据的自信，向着"宅地建物取引士"资格考试（译者注：类似于房地产经纪人考试）发起了挑战，目的就是为了和腹中的孩子一起学习。也就是说，我要生一个聪明的宝宝。虽然这是一个让人忍俊不禁的小插曲，但是对于我来说，和腹中宝宝一起学习真是快乐得不得了。正因为如此快乐，所以，与日渐沉重的肚子相反，我的心却越来越轻松。

腹中的宝宝是否也和我一起学习我不清楚，但至少我很快乐。这种心情同时也会给我未出世的孩子带来积极的影响吧！

教育型妈妈有什么不好？

在此之前一直都是"好孩子"的我，有着不知从何而来的自信。我相信自己一定会成为一个好母亲。养育一个孩子虽然很不容易，但当时的我却丝毫不担心，乐观地去面对。这的确让人很吃惊，因为通过育儿书籍我已经学到了很多，总觉得自己会成为一名很好的母亲，并且我也相信，会有人能够从旁给予我帮助。

所谓好母亲，就是能够完美地对孩子进行教育和培养的母亲，也就是教育型妈妈。这样的教育型妈妈也一定能够培养出优秀的孩子。

出于这种考虑，我立志成为教育型妈妈。

现在想来，虽然说想成为好母亲，想培养出优秀的孩子，但实际上，也同时抱有一种希望被他人看好的愿望吧！真是不成熟啊！从过于在意他人眼光的不成熟的母亲，我开始了作为真正母亲的人生。

从学校毕业，顺利地就业，结婚后毫不犹豫地选择辞职。因为我的下一份工作，就是要成为我理想中的教育型妈妈。

我要培养出优秀的孩子。

这样有什么不好呢？无可名状的自信在背后支持着我。

于是，我漫长的教育型妈妈的生涯由此开始。

使命：培养孩子

我顺利地产下了一个女孩。

生产是令人感动的一幕，我感觉自己还是一个孩子，却成了一个新生命的母亲。我现在还清楚地记得那一刹那的感动。那也成了今后几十年对孩子们不间断的爱的开始吧。

看着刚出生的女儿，我情不自禁地发出了"好可爱"的惊叹声。从那一瞬间起，我开始了养育孩子的人生。

生活完全改变，一切都变成了以孩子为中心。

孩子并不会等待我慢慢成长为成熟的母亲，她会本能地传达出她的需求。因为还不会说话，所以她只能用哭声来提出要求。无论是半夜还是其他什么时候，她的哭声都会响起。生活全都变成了以孩子为中心。

我的名牌衣服，已经完全成了压箱底的东西，更别说去打网球、做美容之类的了。

我真希望好好地一觉睡到大天亮啊！哪怕只有一个晚上。养育孩子真是有着数不尽的辛苦。

要是平时的话，也许我早已承受不了了，但是不知为什么，有了孩子的我却精神饱满、神采奕奕。

这大概是因为我选择成为教育型妈妈，以培养孩子为信条。当有了目标之后，人也就会变得强大吧！

表面上虽然毫不费力地接受了生活中的种种变化，在培养孩子方面，我其实倾注了所有的心血。把各种育儿书籍从头看到尾，在这方面的知识，我想我可以胜过很多人。

学生时代的朋友们，大多还在职场工作，因为和她们的时间安排不同，所以我无法参加同学聚会或其他活动，我的生活也逐渐地和与我在同一环境长大的朋友们偏离了。虽然心里会有一些感伤，但我选择不去理会。把那样的感伤暂且封存起来。

"好好全力培养这个孩子吧。一定要把她培养为优秀的孩子。"

我都不知道为何会有如此强烈的决心，也许是因为，与我身边那些只会把钱和时间花费在自己身上的朋友不同，我现在只想把妈妈这个角色扮演好。

即使结婚了，有了孩子，我也依然要维护我一直以来"优等生"的形象。

我在心里暗暗发誓，无论是什么理由，我都要当好这个母亲，尽我最大的力量去培养孩子。

我并没有十足的社会经验，但是我能够以广阔、包容的心去培养孩子，于是我以我自己的方式开始了我的育儿计划。

目标：孩子的自立

在我心中有着培养孩子的定义，那就是培养出一个能够自立的人。

这句话也许是我以前在某本育儿书籍上看到过的。过了婴儿整天只会睡觉的阶段，在我心中隐隐约约就有了让她学会自立的想法。

所谓自立，意味着什么呢？

和动物一样，动物园的母狮，会故意待在离孩子稍远一点的地方，看起来好像是在打盹，但是它的眼睛却一直关注着小狮子的一举一动。小狮子一旦有什么情况，它会立刻跑过去。

就像那样，在关注着孩子的情况下，充分给予他自由，孩子就会很好地成长，尽早地自立。

虽然是这么想，但这些都是在书本上读到的知识，与我头脑中的固有思维模式和观念还是有所差异的。其实，我在生活中还是会经常与孩子黏在一起，因为我的工作内容很简单，所以，虽然不是 24 小时都能和孩子在一起，但是一旦和她在一起，我就舍不得让她离开我的视线。

这与我理想中母狮的行为模式相比，就算是对孩子过于干涉了。因为我总是担心她，对她所做的事都想从旁协助。就算是一点点感冒，我都会马上带她去医院。

希望她多交朋友，于是带她去公园，交到了新朋友，我又会代替女儿向她的新朋友示好："请多关照，带她一起玩儿吧！"简直就像向上级请示一样。如果她们抢玩具，我明明知道让孩子们自己解决就可以了，却还是忍不住要去教女儿该怎么做。

可能是由于我干涉过度，孩子对我的依赖性很强，很认生，整天"妈妈，妈妈"地不离开我左右。我开始去观察其他可以自己玩的孩子。

到底怎样才能培养能够自立的孩子呢？如果像我这样太过于干涉，是无法让孩子学会自立的吧。心里对自己不断地告诫，却仍然免不了对孩子做的事感到焦虑和不安，所以最终还是忍不住要去插手。然后，对于这样的自己又开始产生焦虑的情绪。

正因为有了自己培养孩子的理念，所以才会对这种与理念截然不同的现实感到苦恼。正因为明知道自己该怎么做，所以才会因为自己无法做到而感到生气。

随着孩子一天天地长大，在她婴儿期间所没有的烦恼也一个个地出现了。我深深地感觉到，培养一个孩子真是不易啊！

虽然如此烦恼着，但自己还是努力去履行母亲的职责。

在大女儿 1 岁 11 个月的时候，我的二女儿呱呱坠地了。

不扼杀孩子的好奇心

孩子成长得真快。

年龄相近的姐妹俩总是待在一起，我们家也是如此。虽然在带大女儿的时候有着种种烦恼，但是到了二女儿出生后，我已经能够稍感轻松了。这绝不是懈怠，而是一般的情况我都可以凭感觉处理了。

很懂事的大女儿虽然只比妹妹大一岁多，但是特别照顾妹妹。换尿布啦，喂奶啦，读书给她听啦，给她买玩具啦……妹妹一哭，姐姐马上跑过来。无论见到谁，都会热心地向别人介绍自己的妹妹。

只是，因为并不是什么都能做，所以有时候倒不如说是在给我帮倒忙。

尽管如此，我心里却感觉到前所未有的踏实。重视大女儿的心情，也就是不扼杀她的好奇心。

如果她有想要照顾妹妹的想法，就要予以重视。在那个过程中，她也会学到很多东西。

想做的时候就是最好的时机

因为一心想要照顾妹妹，所以大女儿学到了很多东西。

其实孩子想做的时候就是最好的时机。

仔细观察孩子的行为，大概就会明白她对什么感兴趣，想做什么。对某件事情感兴趣，对于孩子来说就是最好的成长机会。

当孩子兴趣盎然的时候，他就会主动地去做事。当他想做事的时候，找一个好的时机，把令他感兴趣的事情展示给他，那么，孩子也许就能专注地去做这件事。

机会是需要寻找的。

仔细观察，当觉得"现在就是机会"的时候，就要毫不犹豫地让孩子去做。首先就要摆脱固定的思维框架，让他有"我能行"的心态。父母的这种推动力，也许会成为让孩子的才能充分得以发挥的基础。

"现在还做不到，等长大一点再说吧"，"我想试试看"，"太没意思了，放弃吧"……为了防止因大人的"慎重"而剥夺孩子萌发的好奇心，我们有必要稍微离远一点，只要静静观察他们就好。

以"完美母亲"为目标

为了让孩子的能力得以充分发挥，我什么都尝试过。

随着两个女儿渐渐长大，我越来越立志成为一个完美的母亲。我希望她们能成为那种无论想做什么都能成功，有着无限的可能性，开朗活泼，又会学习的孩子。真是贪心啊！

要想培养出这么优秀的孩子，就要充分挖掘出她们最大的潜力。

为了实现这个目标，无论什么都让她们去学，这样她们就能从中挑选出最适合自己的技能吧！这样想着，于是我便让她们去尝试能力范围内的任何事。但如果孩子的能力不足以完成这些事，那就是我的失误了。

我想，什么都先让她们尝试着做的话，那么一定能从中学到一些东西吧！通过这些学习，也可以使大脑受到刺激，会成为想象力丰富的孩子。

被这样的想法所驱使，作为母亲的我，便不顾一切地开始了我的育儿计划。

越来越热衷于对孩子的教育

正好在那段时间，丈夫要去美国留学，所以，我们带着两个年幼的女儿，开始了在美国的生活。

当然，为了让孩子学习英语，追求完美的我越发起劲儿了。

为了让孩子尽快融入当地的生活，我让她们去学习各种各样的事，也把她们送进了当地孩子上的学校。

同时，我对她们的饮食也更加注意了，时常要考虑餐食的营养价值，把健康的、能够促进身体发育和大脑发育的食物都摆在了饭桌上。

听说听音乐对孩子有好处，我又让她们开始学习钢琴。

听说和动物接触有好处，我就抽空开车带她们去动物园。

总之，只要是我觉得对孩子好的事就都会让她们做，为了让孩子的潜力充分挖掘出来，什么都尝试了。

在美国的生活很快就结束了。

回到日本后，我更加热衷于对孩子的教育。离开日本两年，日本的这些小朋友们看起来都长大了不少。看到日本的孩子们会的很多事我的女儿们却不会，我开始感到焦虑了。"必须赶快奋起直追……"

我就好像被某种神秘力量驱使着一样，神经紧张地培养着孩子，这是在大女儿4岁，小女儿两岁时候的事。在我这种充满了正能量和使命感的育儿方式当中，不知何时开始欠缺趣味性了。

到底是为了谁，才以完美为目标呢？

到底想要追求什么呢？

本应该是为了我所爱的孩子进行的教育，但我却将孩子们的心情置之不理，只是盲目地追求结果。

于是，在那个时候，孩子们发出了"SOS"的求救声。

孩子们发出的"SOS"

当我忽略眼前的事，只是一个劲地推着孩子往前走的时候，孩子们终于发出了"求救声"。那是在大女儿5岁的时候。

忽然有一天孩子们的笑脸不见了。

女儿们都是很懂事、很努力的，因为在那之前，我让她们做的事，她们也都会如我所期待地那样去完成。

当我问她们"开心吗"的时候，她们回答"很开心"。如果问她们"还想继续吗"，她们也都会同意。孩子对父母的期待是很敏感的，女儿们是看着我的神色，顺应着我的期待，而不断努力着吧。

什么都开心，什么都想做，这其实都是我让她们这么回答的，但这个事实，当时的我却并未发现，只是在不断地增加着她们的负担而已。在孩子们努力这方面，我只是在盲目地沾沾自喜而已。

最终，女儿承受不了我给她们的压力，以身体的不良反应、痉挛，发出了"求救声"。

凭着我从书本上学到的一点点知识，为了不给孩子增加压力，不能说"你应该这样做""你应该那样做"之类的话，这一点，我本以为自己是知道并且做到了的。

但是，在现实的教育过程中，所面对的是活生生的孩子，表面上虽然没有说那些禁语，但我自己如果总是神经紧张，说一些"必须赶紧做这个""不要一直那样"等这样的话，这种紧张的情绪也会传染给孩子的。

等到孩子喊出"已经不行了"的时候，我才注意到了这一点。

那么，在此之前，一直填鸭式灌输给女儿种种我的想法和要求所造成的影响，今后就没有可以治愈的特效药了。

即使向女儿道歉，也无法挽回了。

我所能做的，只有抱紧她们。特意花时间去拥抱她们，一点一点地减少孩子内心的不安。

此时，我不再依赖育儿书籍了，把一切交给本能，静静地拥抱着她们。

寻找最好的平衡状态

在培养孩子的过程中，最难的莫过于平衡了吧。

为了挖掘出孩子们的能力，需要让她们做些什么，并给予一定的刺激，这是很重要的。如果激发出了孩子的能力，就不可能放任自流了。从某种意义上来说，就是必须要让孩子做一些事情。

但是，也不能过度，重要的是平衡。我没有明白孩子的心情，所以没能掌握好这个平衡，本应该考虑孩子的能力再去给予她们任务，但我却太急于求成了。

仔细观察孩子，去探索孩子内心真实的想法，才能把握好这种平衡，我不得不重新注意到这件事情的重要性。

教育孩子的人是我们自己，而不是其他的有经验的母亲或者育儿书籍的作者。最了解孩子的，其实还是我们自己。

相信自己培养孩子的方法，充满自信，稳住阵脚，这样的姿态对于培养孩子来说才是最重要的。

报考，然后……

我想这里面也有现如今流行的因素吧。正好在所谓"英才教育热潮"下，产生了"报考"这个词语，我也毫不犹豫地赶上这股浪潮，让孩子上了学前班。

因为身边报考名牌小学的孩子很多，或许我的确是受到了他们的影响，但其中也不乏我自己的考虑。

因此我想让孩子进入国立小学。

理由就是，国立小学的就学环境更好，"该学的时候好好学，该玩的时候好好玩"，这句话吸引了我。

即使是抽签入学的国立小学，也有着极难的入学考试。如果不作相应的准备，是不能过关的。

虽然让大女儿上了家附近的学前班，但是她对这个学前班却没有表现出多少兴趣，曾经让她学习过钢琴、体操、游泳等，她都表现出了兴趣，但唯独对这个学前班，却不当一回事儿。

之后，女儿向我坦白了她内心的想法，氛围太刻板的教室令她感到非常厌倦。

令自己讨厌的事情是不可能有所进步的。在全国模拟考试中（没错，即使学前班也有全国模拟考试），大女儿取得的名次差得令我吃惊。我一直深信我的女儿很聪明，这到底是怎么一回事呢？

虽然很吃惊，但我更感到焦虑，觉得必须要让她学习更多。这种心情，我至今难忘。

作为母亲，已经稍稍成长了一些的我，暗暗对自己警告：不能不顾孩子的情绪去强迫她学习！重要的是平衡！

虽然我知道不能强迫孩子，但我同时也面临着严酷而矛盾的现实：不让她多学习一些是不行的。"那么，怎样才能引发出孩子的兴趣呢？"

此时，丈夫第二次去美国常驻，使一筹莫展的我得以解脱。丈夫由于工作关系要去美国，所以顺理成章的，我和孩子们也一起同去。因此我们在客观上必须放弃报考日本的名牌小学了。

对我们来说这很幸运。如果还是在日本的话，我说不定会成为斯巴达式的母亲。为了让孩子考上国立小学，会强迫孩子学习，孩子这一生也许就会深深地厌恶学习，继而有可能成为一个无能的孩子。这样，孩子的一生都会在挫败感中度过，在讨厌学习的心态下长大。

现在想想都会觉得后怕。

去美国这件事拯救了我。没有时间在意模拟考试的结果了，我开始了忙碌的赴美准备。带着两个女儿，我们再次踏上了去美国的路，开始了在美国的生活。

如果想让孩子爱上学习，首先要改变对待孩子的方法

我是因为要去美国生活，所以才放弃了考试，而并非是因为考试不好。有很多家庭，把考试与孩子成长联系在一起。

但是，因为当时身为母亲的我还很不成熟，如果是为了报考名牌学校，说不定我真的会去强迫孩子学习。但那是不正确的。

我现在才明白，要想让孩子主动地学习，光靠强迫是不行的。说到底，如果孩子自身没有学习的欲望，是无法继续下去的。

如果想改变孩子，首先父母自己就要做出改变。自己改变了，与孩子的说话方式和相处模式也会改变，这样的话，孩子必然也会随之发生改变。

如果希望孩子更加努力地学习，就不要对孩子说"你必须如何如何"，而是父母自身先拿出与昨天不一样的态度去对待孩子，这样才能够对孩子的情绪产生积极的影响。

我们能够做出改变的地方有很多，当孩子做了平常被认为是理所当然的事，例如，把衣服叠整齐了，父母就要大声予以表扬，经常被表扬的孩子，就会由衷地想要做更多的事。

把摆放碗筷的事情交给孩子，母亲就要表现出大大的喜悦，赞扬孩子帮妈妈做了事。对于孩子而言，能够帮助别人就是一种极大的喜悦，这也会随之成为一种自信。

为孩子创造令他感到快乐的契机，我想这一点我们是可以做到的。即使是自己的孩子，也不能凭借父母的威严去强迫他们做什么，所以，首先父母要开始改变。当发觉自己需要首先改变的重要性时，也许就会带来好的结果。

发掘孩子强项的美式教育

在美国的经历，使我发生了极大的变化。

美国是一个奉行个人主义的国家，无论是在家庭中父母与孩子相处的方式，还是在学校所接受的教育，都与日本有着很大的不同。

美国的教育，一言以蔽之，就是"发掘强项"的教育。发掘出孩子的强项，口头给予表扬，并且所有人也都予以认同。正因为美国有着各种人种，所以大家的互相认同被看作是非常必要的。

父母也要对孩子的优点予以明确地赞扬。

与其说无论周围是否有人，都要夸赞孩子的优点，做好了一件事的时候，也要近乎夸张地赞扬，倒不如说，越是周围人多的时候，父母就要越发地赞扬孩子的优点。

并且，在美国学校的课堂上，勇敢说出自己的意见被看作是最重要的事，特别是在辩论会上，会给予孩子们充分发表自己意见的机会。比起学习成绩，学校更加重视能够在众人面前发表自己意见的能力，因为每一个孩子都能自信地说"我是这么认为的……"所以班级里总是充满活力。

如果没有个人的意见，那么也就不能参加辩论会。因此，清楚地表达自己的看法，不仅在学校，而且在家庭中也会成为一种日常习惯。

父母也要好好地倾听孩子的意见和想法，同时，父母也要有着自己坚定不移的看法，不被周围人的意见所左右，而且要以一种同样坚定的态度去发表意见。

对于在此之前，并不喜欢在众人面前清楚表明自己内心想法的我来说，每一天都会有让我惊讶的事情发生。孩子们很快就适应了当地的生活。虽然不能像孩子们那样快，但我也在努力。

一开始的时候是有样学样，为了能够像美国的妈妈们那样看起来很坚强，我剪短了头发，素颜＋牛仔裤、运动鞋，抱着孩子大步行走。外形改变了，感觉内心也变得坚强了。

前段时间，在日本的同学寄来的书信和邮件当中，净是写着一些按部就班地生活、工作和恋爱的事情。我深深感到：有了孩子，离开日本的我，与她们的生活已经有了相当大的差距。"我要做一个好母亲"，这种想法越来越促使我决心成为一个坚强的母亲。

因为和美国的母亲们有了些接触，我开始参加社区活动，美国人的"给予和分享"的思维模式影响着我，我也能渐渐融入那样的群体中去了。

在那么快乐的美国生活中，如果还要让孩子们学习日本的课本，那是相当困难的。

但是我只能这样做。想办法激发出她们的兴趣，让她们去学习。要竭尽全力去完成每天规定的任务，那段时间的努力，也一定会提升孩子们的能力。

在日本学校的困惑

回国之后，马上就面临着小升初考试。

对于喜欢并擅长学习的大女儿而言，补习班是一个能激发好奇心、使她非常快乐的地方。对于感兴趣的事情，孩子们会全力以赴。

就在结束了小升初考试，为即将成为一名初中生而开心的时候，女儿似乎切身感受到了日本和美国的不同之处。

总觉得有些不一样。老师也好，朋友也好，母亲的态度也好，都与在美国时不同。而我自己，面对着日本国内的情况，再次感到了焦虑。也许是我认为，既然回到了日本，那么就必须要把之前缺失的都弥补回来吧。我感觉到长年都在美国生活的女儿，全部科目都不及日本的孩子们。

那时女儿正好处于自我觉醒和适应日本生活的双重时期，对于我和孩子来说都是最吃力的时候。

在美国快乐生活的回忆每天都会浮现在脑海。在大自然中自由奔跑的情景让我们十分怀念。

在美国朋友发来的邮件中，都是在说享受着学校里的生活。孩子开始觉得"日本的生活太无聊了"。

这种负面情绪逐渐开始支配着女儿。我甚至在想，既然日本的生活如此乏味，不如再回到美国吧！为了把女儿再送去美国的住宿制学校，我甚至还专门去美国看了几所这样的学校。

"好不容易又回到了日本，却要拼命地学习，就算考上了心仪的学校，但是……"在此之前我一直坚信的东西，似乎在一夜之间就崩塌了。

自主选择东京大学为目标

那段时间，我尤其重视和女儿的沟通。

我每天都会问她"你想怎么做""将来有什么打算""现在什么是最快乐的事"。

女儿一点一点地说出了自己的想法。她自己也考虑了很多，但并不清楚自己到底要怎么做、将来的目标是什么等。

这是没有结论的谈话，但是，即使这样也很好，我和女儿谈话并不是一定要得出什么结论，能够这样交流已经很好了。

我很重视和女儿在一起的时光。我们可以闲聊，可以为一些小事开怀大笑，度过了一段又一段轻松的时光。

临近中学毕业的时候，女儿决定，就这样一直在日本生活学习下去，她终于找到自己在日本将来想要走的路了。

虽然美国与日本的学校有着根本性的不同，但女儿开始感觉到，日本学校也有很多自身的优点。令我感到惊奇的是，她居然说，以后自己有了孩子，也要让他进入现在这所学校。

孩子拥有了意想不到的力量，这是一种努力生活下去的力量。

正在那个时候，她开始意识到要以东京大学为目标。

能在日本发现自己将来的目标，也许是因为已经决定不想再逃避日本了。

从孩子小时候开始，在某种意义上来说，我就为她们谋划好了我所认为对她们有利的道路。虽然在我意识到这一点之后，把她们的路拓宽了一些，其中也不乏她们自己所选择的，但总的来说，她们依然还是行走在我为她们规划的路线上。

不过，关于最后升学的目标，女儿终于能够自主决定了。在她自己做出决定的时候，孩子发挥了潜藏在内心的力量。

前方目标东京大学

随着高考的临近，紧张感与日俱增。

那时我们家的话题，一定都是谈论着将来。

当然，考上大学是第一个大目标。但是，比起讨论能否考上大学，我们谈得更多的，是在考上大学之后，接下来要度过怎样的人生？

我想，我们把目标放在了考上大学之后。

想成为什么样的人？

想从事什么样的工作？

也要结婚的吧？有了孩子的话，工作要怎么办呢？还是说，就像电视剧里的角色一样活跃于职场呢？

我和女儿不断地闲聊着："在大学里要参加什么社团呢？"

"课程是可以选择的，应该会有很有意思的课程吧！"

"第二外语要选什么呢？"

"想参加什么研讨小组呢?"

"大学里会有联谊会,会马上交男朋友吗?"

"想选择什么样的课外兼职?"

"考上大学的话首先想做什么?"

"春假的时候想去哪里?"

"成绩公布的那天晚上想吃什么?"

和女儿讨论这些话题的时候,也许就是母女俩能够悠闲享受的时光。

梦想在不断膨胀。考上东京大学只是人生中的一个目标、一个开始而已。上了大学,想学习什么呢?毕业后想度过怎样的人生呢?想从事什么样的工作呢?梦想没有界限。

一想到考上大学之后的事情,就会有无限的快乐。孩子的能量已经不再局限于考上大学,而是往更加美好的将来挺进,越来越强。要是想实现考上大学之后的梦想,首先就要先考上大学。虽然考试很不容易,虽然背负着很大的压力。但是,这是一场为了实现梦想的竞赛,即使再辛苦,也要坚持跑到终点。

于是,在成绩公布的那天,我们母女抱在一起喜极而泣,能说出口的话语,只有"谢谢"二字。

对一直支持我们的所有人,深深感激。

我们去了汤岛天神的神社参拜,报告合格的消息。

主妇是统领全局的"总管"

读了之前的文章，也许有读者认为我是一个有着积极心态的母亲，的确是这样的。

但是在我的生活中，也有情绪消极的时候。

享受着作为母亲的感觉，由衷地爱着孩子，可以尽情地享受每一天的生活，即便如此，在心里还是有种被强迫的感觉，身边有经验的朋友们，真是帮了我大忙。

"培养孩子就是我的使命"。总是有意地说出这句话，让自己更加振奋，能够继续努力下去。

每晚，在孩子睡觉之后，突然而来的难以言喻的寂寞、空虚感久久无法消散。

我常常在想，如果我没有生孩子而一直在工作的话，也许现在在公司也能居于某个职位上吧，管理几个部下，勤勉地工作着……

但是我成了家庭主妇，所以时常感觉与社会脱离了。

面对着孩子时一直压抑着的感情，到了深夜时分就纷纷涌上心头，而等到第二天天一亮，我又一如平常，成为那个精神饱满、神采奕奕的母亲。

朋友的一番话让我找回自信

去美国不久后，我便与邻居太太克莉丝结识了。克莉丝有三个孩子，她们与我女儿也是好朋友。

克莉丝问我："What do you do（你是做什么工作的）？"我回答道："I am just a housewife（我只不过是一个家庭主妇）。"

我的回答让她很不愉快，似乎是不满我在家庭主妇这个词前加了一个"just"。

这个词与日语中的ただ相似，那么这里面又蕴含了什么意思呢？也许是有一些自卑和自嘲的含义吧。

"主妇是非常辛苦的，家里如果没有主妇，培养孩子也就无从谈起，家庭也会分崩离析了。我们作为主妇，就负有考虑一家人的健康、凝聚整个家庭、好好培养孩子的责任和义务，做着这么重要的事情，为什么你却感觉不到一种荣耀呢？"克莉丝对我说道，"我是绝不会贬低'主妇'这个词的，我总是骄傲地回答'我是一个总管'！"

我羡慕那些还在职场挥斥方遒的朋友们。有了孩子后，虽然每天忙忙碌碌，却没有任何报酬，对于这样的主妇角色，我没有丝毫的荣耀感和价值感。但是当听到克莉丝的这番话后，我幡然醒悟，受到极大的震撼。

是啊，如果没有主妇，整个家都不成为家了。主妇的工作，原来如此重要！我重新认识到了自己的价值。

多亏了克莉丝，使我重拾信心。

现在，我要倾尽全力做这份工作了，培养孩子只有那短短的十几年，要把握当下，专心致志地去做！等孩子长大了，我的主妇工作可以暂时告一段落的时候，我再重返社会吧。

认可现在的自己，设定自己的人生目标。克莉丝的那番话，很多年以后也依然被我珍藏于心。

从"母亲"转变为"职场女性"

现在的我，在一家公司工作。

一年前，我还是两个考生的母亲。回首这一年，发生了太多令人感慨的事情。自己的角色也有了很大变化。从"母亲"转变为了"职场女性"。

在 25 岁时有了孩子，到现在为止的 20 多年间，我一直把心思放在家庭中，即使偶尔做些工作，我也仍然是专心做一个母亲的。虽然也遇到了种种不尽如人意之处，但仍然矢志不渝。有时也会想着，什么时候可以再次回到社会上，重新工作，可是……

终于，这个隐藏在我心里的梦想，在去年得以实现了。

能够为自己而努力的人生开始了。可是，几乎没有职场经验的我，到底可以做什么呢？

虽然有着种种不安，但比不安更多的是自信。经常对孩子说"没关系，你能行"的我，现在也对自己说出同样的话。

"只要你想做，你就能做到！"

"学习是快乐的。"

"发挥自己的强项吧！"

"有效率地利用时间。"

这些曾经鼓励孩子们的话，现在对于我也同样有用。

渐渐地，我有了更多的自信。所幸我喜欢学习，在学生时代就对学习没有抵触情绪，到了现在，更是再次激发出了我的学习热情，并不是为了应付考试而学习，而是为了自己。因为学习，所以能遇见更多不同的人，因为学习，所以自身能得到成长。

"喜欢学习，有什么不好呢？"

"我就是爱学习。"

在学习的同时，我也尝试与人接触，正是因为得到了许多人的支持，我重新走入社会的梦想才得以实现。

虽然我对于缺乏职场经验这一点的确有些担心，但我有培养孩子的经验，以及统领全局的"总管"的经验啊！

"在家里培养孩子的经验，也一定能够用于在公司中培养员工吧！"

这种莫名的自信，成了我以后真正自信的基础。

现在的我，正在职场工作。

女性在一生中，会遇到各种分叉路口，那时，自己必须做出选择。现在，我定下了人生的方向，选择出去工作。这是我自己选择的道路。

无论什么时候都不晚，从你想做的那一天开始就来得及。没有什么是困难的，不懂的事，去请教、去学习就可以了。

学习真是很棒的事！

第 3 章

优秀孩子父母的 7 项育儿方针

培养孩子是一件与各种迷茫相伴的事。

正因为是珍爱的孩子，所以想采用最好的方法来培养。因此，父母会感到迷茫和烦恼，我也是如此。

当我烦恼，不知道该往何处去的时候，如果有某种自己的"育儿方针"的话，也许这种烦恼就会减少。

我只能一边暗暗地告诉自己"就这样吧"，一边摸索着前进。

在那个过程中一直不得要领的"育儿方针"，现在回首，我从中发现了自己一直重视的事情。

在这一章，我将介绍我在培养孩子的过程中一直重视的 7 个方针。

积极地策划

　　所有让孩子参加入学考试的母亲都有一些共同点，那也是在闯过入学考试难关的孩子母亲身上都能看到的特点。

　　首先，就是"对孩子的学习热心"，更具体说来，就是"在给孩子学习机会的这件事上热心"。这一点，在任何一个时代都一样。

　　例如，在我小学时，我们班上报考私立中学的学生只有一两个人，那个时候，也可以说，在让孩子考学这件事上获得成功的母亲们，对孩子的学习是非常关注的。

　　与二战前想学也无法学的年代不同，现今是一个不断强调"学习"的年代，如果父母不热心起来的话，那么孩子也就不会说出"想报考，想学习"的话，不会有求知欲。

并且，无论孩子有着多少天赋，多么聪明，如果不给予他更好的学习机会，而只让他在普普通通的小学、中学接受平凡乏味的教育，这种天才也终将会被埋没吧。

并且，对于父母而言，如果没有机会客观地看到孩子的成绩和学习能力之间的偏差值，也就不会知道自己的孩子是怎样学习的，在哪方面优秀，哪方面不足。

如果在一开始就不给予好的学习机会，孩子是不可能感受到学习的愉悦的。正因为学习了，孩子才能体会到其中的乐趣，对自己擅长的科目具有自豪感。因此，为了让孩子学习，父母有必要对孩子的学习抱有热情和积极的态度，不能放任自流。

于是，从"日能研""四谷大冢"这样的补习班开办以来，让孩子上补习班的母亲们，无论是有工作的职场妈妈，还是专职的家庭主妇，都对孩子的学习非常热心。

虽然督促孩子学习，但也给予自由

另一个共同点，就是"虽然督促孩子学习，但在某种程度上也给予孩子自由"。

在入学考试中获得成功的孩子，基本上都上过补习班。在时间方面本应是很紧张的，但是我却感觉到他们有着可以放松自我的空余时间。虽然上着补习班，但他们在上下课的路上却会疯玩（虽然这一点让母亲们头疼，却也无伤大雅）。把学习搞好，同时在学习以外也会有自己的兴趣爱好。

并非只让孩子学习，其他的兴趣爱好也不要加以控制，在这方面，父母要有精神层面的宽容。很多父母并不会用学习将孩子牢牢捆绑住，而在某种程度上也给予孩子自由。

可以这么说，"有能力的孩子无论做什么都能做得很好"，但即使是这种天赋异禀的孩子，不好好地激发出他的求知欲的话，其才能也无法得到提升，更别说成功了。

相信自己的孩子可以做到，给予他一定程度的自由，敢于在一定范围内撒手不管，这种亲子关系，就能使孩子的自尊心获得满足，引导他萌生出更多的求知欲。

虽然热心对待孩子的教育问题，却还是要相信孩子的能力，给他们一定的自主权。父母摆出积极的姿态，就能使孩子的学习能力不只应付一时，而是能够得到长久的提升。

积极的思考也会感染孩子

父母很多时候都感到不安，不知自己培养孩子的方法是否得当。

但是，这件事是没有绝对正确的答案的。父母要相信自己，对自己培养孩子的方法持肯定态度，那么其他的一切才能由此展开。

　　摆出积极姿态的父母，对自己充满自信的父母，孩子才能安心地跟随。即使孩子做出一些"出格"的事，也是因为孩子的能力在增长的缘故。即使孩子的成绩有些下滑，父母也要积极地给予鼓励："下滑只是暂时的，之后一定还能迎头赶上！"这种积极的态度，一定能让孩子愉快地成长。

　　因此，我们首先还是致力于给孩子更好的学习机会吧。

　　在让孩子完成既定的学习任务之后，就是摆出积极的姿态了。这是让孩子的能力得以提升的最好的做法。

不加以限制

　　东京大学的确是相当难进的名校，但是我从未感到"这对于我的女儿来说是很难的"。我被人称为"好强的母亲"，也确实如此。但是如果一开始就觉得做不到，那么一切都无从谈起。如果不以东京大学为目标，就不会向着这个目标努力。

　　"虽然很难，但只要努力就能成功"，我坚信这一点。"不去憧憬，就不会实现"，反之，正因为"敢于有梦想，就能实现"，机会就会随之而来。

父母把孩子的可能性缩小了

作为父母，我们往往会希望孩子走我们所设定的路，希望孩子过着和我们一样的生活，认为孩子的能力与我们一样，自己觉得做不到的，对孩子来说也一定很难。

正因为是自己珍爱的孩子，为了让他避免失败，遭遇打击，所以希望他以最简单的方式过着幸福的生活。因此，不让他做困难的事，这也是父母们下意识的想法吧。

但是，那就等同于限制了孩子的可能性，将孩子禁锢在一个小小的框架当中。

例如在填写志愿学校时，父母也会在无意中限制孩子的可能性。

"那所学校太难考了，你可能考不上吧！"

"那是有钱人家孩子上的学校，你一定进不去的！"

"那所学校太严格了，对于轻松惯了的你来说会受不了吧！"

这样的理由不胜枚举，比起"能做到"，"做不到"的理由更容易找。如果说出了"做不到"，那么也就意味着不必做了。

没有什么"做不到"

如果父母感觉"做不到",那么孩子一定也会这样认为,这就是消极的连锁反应。

因为从别人那里得到一些模糊的信息和自以为是的想法,就感觉"做不到",或者给选项加以限制,那么孩子就无法选择让自己的能力得以充分发挥的环境,这样的话,对于有着难得的才能的孩子就太不公平了。

不要觉得"太难了,做不到",从现在起开始做,就来得及。

正因为要挑战困难的事,才能有干劲。

正因为有需要跨越的障碍,所以才会快乐。

"家世不一样,所以……"

不,在现今的时代,又何谈家世呢?

请亲自去那样的学校看看吧,到处都是"家世"一般的孩子。

"因为学校管教得太严格,所以……"

不,孩子每天都在成长。今后还会遇到各种人,会变得越来越强,茁壮成长。只要孩子有干劲,就会发挥令人惊叹的力量。

不要一开始就因为感觉"做不到"而放弃,去尽量寻找"做得到"的理由。如果相信孩子的能力和可能性，应该就能够抓住机遇。不去憧憬的话，什么都不会开始。

所以，首先从憧憬开始吧！我们父母要把在无意中给孩子设下的各种限制摘离掉，这样做，孩子的无限可能性才能得以扩展，他们其实具有超出我们想象的无穷潜力。

敢于增加负荷

在国外的日本孩子，一般都是在家说日语，在学校则说当地语言。我的女儿们也是如此，她们能够轻松驾驭两种语言分别与家人和学校的朋友沟通。因为我们在美国生活了 7 年，所以女儿们的英语很流利，经常会被周围人称赞说"能够轻松地掌握英语，真是幸运啊"。

如果长年生活在英语环境中，孩子们自然能够掌握英语，上着当地的学校，在和当地的同学们交流中，就能很好地运用英语。但是如果说她们学英语"很轻松"，却也不尽然。去了不同的学校，在不同的语言环境中，面对着陌生的同学，就算是孩子也会感到紧张。而且，当好不容易习惯了当地的生活和语言，又面临着不知何时将要重返日本这件事，所以同时也要让她们学习日语。

同时学习英语和日语，对孩子们而言简直就是"身兼双职"，这绝不能说是轻松的。

从周一到周五去当地学校用英语学习，到了周末两天又要去补习班用日语学习，所以作业量当然也是双倍的。在国外，孩子们在不同的语言环境中要切换不同的思维模式，要完成规定的学习任务。

乍一看似乎是轻松掌握英语，实际上在那背后有着多少的辛苦与努力啊！孩子们身心都背负着相当大的压力，不断努力着。

要想成为精通双语的人，不是一件容易的事。

不过，孩子在同时学习两种语言的过程中，高效地利用时间，即使遇到困难也积极面对，只要行动就能成功。也就是说，她们已经培养成"努力的能力"了。

我认为，孩子置身于这种"身兼双职"的环境中，真是一件幸事！能够为一件事做出努力，这会成为孩子终身的财富。

对"身兼双职"的建议

我家的情况是，因为我们去了美国，在那里的种种努力成为后来孩子们好习惯的起点，其实在日本也能创造让孩子"身兼双职"的环境。

学习很重要，音乐也是。

要努力学习，也不能忽视体育锻炼。

虽然在备考，但英语学习也不中断。

如果孩子在学习以外还有想做的其他事情的话，就要相信孩子的能力，认为他什么都能做到，多多少少都能成功，要敢于让他努力，敢于给孩子增加负荷，不要轻易放弃。

不要给孩子的能力加以限制，认为他可以做到的就让他去做。当"身兼双职"这件事成了习惯，孩子们就自然而然地能够同时进行两件事情。孩子们在自己认为能够做到的事情上，会发挥出惊人的力量。即使不断地给他增加负荷，他们也能够逐渐吸收。

渐渐地，他们能做到的事情会越来越多，"努力的能力"就能得以培养。于是，像这种能够做出努力的品质就会成为今后孩子人生的宝物，也就是孩子一生的财富。

给予刺激

钢琴、芭蕾舞、绘画、网球、游泳、体操、小提琴、陶艺、编织、骑马……

这些都是我曾经让孩子学习的技能。

当然孩子并不是全都精通，也有很多事情是浅尝辄止，但即便如此，当时所学技艺的数量之多，我到现在仍然觉得惊讶。

没有什么头绪，就让孩子做这么多事，这是因为当时从别人那里听到了各种各样的"忠告"。

如果有看起来有趣的事情，我都想让孩子去体验。

如果体验过了之后感觉不行的话，那么也可以放弃。

在我心里是有这样的想法的：如果我没有准确发掘孩子们的才能，她们就这样稀里糊涂地长大，实在是太可惜了。带着这样的心情，我不断地摸索孩子在哪个领域具有才能，让她们尝试去挑战各种各样的技艺。

当她们到了上学年龄之后，她们也对某些事情表现出了"想试试看"的兴趣。在幼儿期学习的技能，基本上都是我认为对孩子好，于是决定让她们做的。的确，这是我自己的想法，但是我却误以为是因为孩子有兴趣，我才让她们做的。在孩子身上加以过度的期待，结果让孩子极其辛苦，这样的事例比比皆是。

强迫孩子学习技艺的父母

关于学习技艺有两种看法。

首先就是只专注一件事情。

"既然选择学习这种技艺，就要学到精通为止"，这样告诫孩子，其实是父母对学习结果过于期待的心理表现。

因为让孩子学，所以他必须按照父母的要求乖乖地去学，而且必须拿出成果，父母则认定孩子在那方面有潜力，过度地期待。

明明是大人们选择的，不由分说地让孩子去学，又过于激进地要求孩子拿出好的成绩。而对于孩子来说，他们虽然感到烦恼，对所学的东西不感兴趣，却必须要学，要努力做个父母眼中"听话的孩子"，这是因为孩子想得到父母的喜爱和认可。

另一种做法就是，什么都让孩子尝试。"因为不知道孩子在哪方面有潜力，所以姑且什么都让他试试"，打着这种旗号，父母的要求逐步升级，过于追求结果，令孩子承受了巨大的压力。

"明明花了这么多钱和精力，为什么孩子什么都没有学会呢？"

"隔壁家的××，虽然没有学，却会做那件事。"

但是，其实那都是父母让孩子学的呀，孩子不感兴趣也是可以理解的。

原本孩子就不可能在任何方面都有出色的表现，但是，父母还是什么都想让孩子学，越来越"贪心"，最后变成了"什么都要学会"。

过于追求成果，最后受苦的还是孩子。无论何种方法，如果太过的话，孩子就会成为受害者。

给予刺激，却不追求结果

说起我的做法，属于第二种，"什么都想让孩子尝试"。

每天开车接送孩子上下学，然后从学校直接就送去了课外班，所以晚餐就草草地在车里解决了。

当然，不是所有的技艺学习都会维持很久。其中既有丝毫不感兴趣、不做任何练习、很快就放弃的项目，也有开始的时候感觉一般，但还是坚持下去的项目。

因为当时网络还不如现今这样普及，在儿童杂志或是投放在信箱里的小广告上，看到有貌似不错的课外班，我就会带孩子去上试听课。孩子如果感兴趣的话马上就报名，这就是我寻找课外班的方法。

要说"学得太多"，也的确是这样，但是，我明白什么是适可而止。

我内心是这样想的，"如果试过之后觉得不合适，就放弃"，"如果在这么多事中能找到孩子真正喜欢的项目，那也算不错"。

结果，是孩子自己找到了喜欢的项目，最终也只做自己喜欢的这一件事。

能够为一件事咬紧牙关坚持到底的"毅力"，并没有在学习技艺中培养出来，而是通过先做各种事，在接受很多的刺激的过程中渐渐养成。

　　的确，比起浑浑噩噩地生活，每一天都接受新事物的"刺激"，就能很好地学会如何高效利用时间以及快速转换思维。并且，虽然是"浅尝辄止"，但是孩子一旦尝试过了，就一定会多多少少激发出他们某一方面的潜能。

　　通过给予刺激，孩子会得以快速成长。而且，给予刺激也会促进变化。能够做到给予刺激的，只有我们父母。不要马上追求结果，所给予的刺激会成为孩子自身的力量。

制造竞争对手

　　这是在工作及教育咨询时经常听到的话。

　　"我孩子竞争意识太强了，一旦输了就会流泪。比如在游戏中快要输了的话，在结束前就会自乱阵脚，焦躁不安，该如何是好呢？"

　　我总是这样回答："有竞争意识是好事，这是孩子成长的原动力啊！"

　　我家孩子在学龄前，经常出现上述那位家长所说的情况。我和孩子们做游戏，在看起来我快要赢的时候，孩子就会焦躁起来，不高兴了。

所谓竞争意识，换言之就是"想变得更好的心情""想当第一的心情"，与"上进心"是同一性质的，这也是想提高自己能力的一种热情。女儿们之所以能够坚持下去，闯过考东京大学这道关，正是因为有这种竞争意识。

求胜心，每个人都会有。

如果破坏了这种心情，孩子就会变得不满，失去求胜心。"就算输了也没关系，那么生气太任性了吧"，不要这样美化失败，而是要让孩子努力寻求对策。"想赢是吗？那么，想想下一次该怎么做才能赢呢"，如果这样说的话，孩子就会认真思考，于是，在求胜心的推动下不断向前。

求胜心会带来干劲

在学校学习的过程中，也要像这样"制造竞争对手"，这样的话，效率会有很大提升。我之所以让孩子去补习班，也是因为希望她们与一同学习的孩子能成为竞争对手，互相切磋，有所提高。这样一来，她们即使在家学习，也会时刻保有竞争意识。

与时间竞争

计算自己解一道题要花多长时间。

与自己竞争

用秒表精确掐算自己解一道算术题所花费的时间，每天记录下来，渐渐地，所需时间就会缩短。

与妈妈竞争

我时常成为孩子的竞争对手。

"和妈妈比赛吧！"

不仅限于学习，就连跳绳、跑步等，我们都能快乐地比赛。当然，到了比赛的最后一刻，我会故意让她们赢，让她们体会成就感，这也是一种"演技"吧。

直到孩子上小学之前，她们在比赛中看起来快要输的时候还是会不开心，这也是没办法的事，因为她们真的想赢啊！

但是，她们长大成人后还会这样吗？当然不会的。父母不必担心那么久远的事，孩子自己觉得不好意思了，自然就不会再那样了。

比起这种担心，如果能让孩子的求胜心成为原动力，起到的效果会更大。

试着制造能够促进孩子成长的对手吧，这样的话，求胜心就会催生孩子的干劲，让他们为之努力，即使以一种游戏的方式也可以。

制造快乐的竞争对手，学习也能高效进行。

让孩子有自信

刚结婚的时候，我曾经被丈夫这样说过："为什么你总是有种莫名的自信呢？"

当时我被"莫名的"这个词所触动，于是与他争论起来："不！我的自信是有根据的！就是因为我如此努力地一路走过来。"之所以有这样的争论，可能是当时的我们都还不成熟吧。

现在我所明白的是，有自信与有没有根据无关，这件事情本身就是极好的。

所谓的自尊心，也就是骄傲和自负心。"那个人自尊心很强""我的自尊心不允许"，像这样，"自尊心"这个词有时听起来像是负面的。回首看来，我正是因为有自尊心所以才能拥有自信，这个"自尊心"就是支持我自己的力量。

正因为有自尊心所以能做出努力

日本人很不擅长表现出自己的强项。

动不动就谦虚，强调自己做不到的部分。但是，在国外的学校，能够自我表现才是最重要的一件事。在上课时能够做到这一点的话会在班级中得到好名次，能够将自己的强项表现出来被认为是理所当然的事情。

但是接受了那样的教育之后回国的孩子们，在日本如果也一样自信满满地说"我能做到这个""我有这样的长处"的话，有时就会被别人"另眼相看"。不仅限于归国子女，会自我表现的孩子们也经常会遇到这样的情况吧。

我的孩子在遇到这种情况的时候，作为父母是非常苦于如何应对的。为了孩子不被他人讨厌，让她们能够在学校好好地与人相处，我时常对她们说："不要太引人注意了，和周围的人一样就好。"

那么，我们的孩子在成长的过程中，什么是最重要的呢？不管在学习、课外活动还是在日常生活方面，无论任何时候都特别重要的事情，就是孩子的自尊心。

因为有自尊心，所以能够做出努力。

因为有自尊心，所以不会气馁。

因为有自尊心，所以会考虑将来。

因为有自尊心，所以能够成长。

自尊心就是把孩子不断地向前推进的能量之源。

我认为，在教育方面重要的就是不要否定孩子的自尊心。

如果全盘否定孩子的自尊心，孩子就会渐渐变得不愿意外出，最终只能宅在家里或者依赖父母生活。

孩子的自尊心即使是毫无根据的，我们也要大大地认可，要让它慢慢地增长，这样的话，才能产生自信。

自尊心的表现方式，就算父母不特意地教导，当孩子走上社会之后，也一定能够亲身体验，得以掌握。

让孩子拥有自信的三个方法

想要培养出由自尊心所产生的自信，那么每一天对孩子说的话就很重要。如果只说一些指示、命令性的话语，孩子不仅无法独立思考，就连自信心也会丧失。

"你是怎么想的呢？"

要对孩子这样说，首先听取孩子的意见。

于是孩子就会仔细思考，他会为自己的意见被征求而感到喜悦，接着变为自信。自己的意见被人征询，无论谁都会感到高兴的，因为有一种被重视的感觉。

还有一个让孩子变得自信的方法，就是成果的"显现化"。亲眼看到自己所做的事情的成果，感觉到自己成功了，于是就会变得自信。

例如把要做的事情列一个清单贴在墙上，当做成一件事情之后，就在上面贴上自己喜欢的贴纸，将自己所做的事情"显现化"，就能确认成果。自己是如何做到的，也会变得一目了然。这就会成为"我可以"的自信。

并且，告诉孩子们小时候的事情，对让他拥有自信也是有效果的。孩子们很喜欢听自己小时候的事情，虽然是自己的事，却有自己不知道的部分。

"你小时候，是玩猜谜游戏的天才，那么小就有很强的思考力和集中力呢！"

"你啊，比其他人都更早地学会走路，运动神经很强，做什么都很快，在幼儿园是最活泼的孩子。"

回顾自己原来做的事情，如果感觉"自己很棒，自己很特别"的话，那就会成为一种自信的源头，促使孩子想变得更加优秀。

我们平时若无其事说出来的话语中，实际上有着很强的力量。因为这些话，孩子会变得开心，干劲十足，或者觉得受伤，想要放弃……因此要说出让孩子的自尊心得到满足、更加有自信心的话语。

人因为有了自信，所以能够昂首挺胸地走卜去。正因为自信，所以才能不断向前。如果放任自流的话，就无法培养出自信。孩子有没有自信，取决于父母的说话方式。

爱孩子却不加以期待

以前也好，现在也好，乃至将来，我都会永远爱着我的孩子们。

但是孩子和父母在很多时候会发生争吵。但无论怎样争吵，其实在内心里，我还是爱着孩子的。

我心里的这种想法，会在平时尽量传递给孩子。

从旁观者的角度来看，与孩子天天形影不离也许是有一些奇怪，也许孩子们也会觉得困扰吧。

但是我绝对不会隐藏对孩子们的爱，而是不断地告诉她们妈妈爱她们，因为这就是我的使命。

尽管如此，有一件事我还是很小心的。那就是我绝不会跟孩子说"你们是妈妈生存的意义"。

当然，对我来说，最重要的就是孩子，甚至我会认为，正是因为有了孩子才有了现在的我，正因为有了她们，我才这么精神百倍地生活着。

但是我生存的意义绝不只是孩子们。

我并不是为了孩子，而是为了自己而活。我要活出自己的人生，而不是活在孩子的人生里。

孩子在父母的爱护之下会觉得既开心又安心吧！因此，

应该给予他们满满的爱。

但是父母如果对孩子说"我是为你而活的",孩子会无所适从。因为这对于孩子来说,是过于沉重的话语了。

孩子能够敏感地读取大人的心,父母如果这样想的话,就等同于在孩子身上加以重担,越是懂事的孩子,就越是为了迎合大人的希望而拼命地背负着沉重的负担努力着。

于是在不知不觉中,他们就会选择为父母而活的人生,但是那样的事情是不可能长久的,当无法坚持下去的时候,孩子们就会崩溃,最终受害的还是孩子。

我希望孩子们在自由的思想之下,能够将自己的能力最大限度地发挥,走自己的人生之路,为了这个目标,充分让孩子看到父母积极的一面,这就是父母的任务吧。

虽然给了他满满的爱,但也要保持适当的距离,要把孩子的人生和自己的人生分开思考。

爱给得再多都不会用尽,因此不必为此担忧。爱给予得越多,心中就会产生越多,并且,给予对方爱的同时,对方也会同样地回报给自己。孩子得到的爱越多,就越会成长为感情丰富的人。

为了不产生过度期待,在爱孩子的同时,也要更加重视自己的人生。

第 4 章

各个年龄段对孩子的 5 种关爱方式

孩子们小的时侯，为了让她们能够早点自立，我有时会特意地不管她们。等孩子长大之后，有时我会训斥她们，不要一意孤行，要更多听妈妈的话。

　　虽然孩子们在每一个发展阶段对父母的依赖程度并不相同，父母却不接受孩子的这种变化，希望他们永远都待在自己的身边。

　　我们必须重视与孩子的距离。

　　孩子的身心都在成长，每一个成长阶段相应的对待方式不改变的话，孩子的正常发展也许就会停滞。孩子在变化，父母与孩子相处的方式也要产生变化。

　　在这一章节里，我将叙述在孩子的幼儿期、小学时代、中学时代、高中时代这四个阶段，我是怎样与孩子接触的，应该怎样做。

根据孩子的年龄，父母选择不同的相处模式

　　培养孩子的定义有很多种，但是在我心中却只有一个定义：我想把她们培养为自立的人。

　　既然有了孩子，成了母亲，那么我们就有责任和义务把孩子培养为能够自立的人。人类本来就会随着成长，具有离开父母、独自生活的能力，但是，现在的社会变得相当复杂，被放任自流的孩子要想凭借自己的能力生存下去是相当困难的。

　　作为父母，我们要培养孩子在长大之后可以凭借自己的力量生存下去的能力，以及能够独立思考、做出判断的能力。我认为这就是所谓的"培养自立的人"。

　　孩子总有一天会长大成人，我们是不可能永远都像现在这样保护孩子的。将来他们一定会离开父母的身边。孩子成长的速度随着年龄的增长越来越快，而孩子离开我们的时间也比我们想象得更早。为了那一天，父母有必要教给孩子生存的能力。

对于孩子的长大成人、独立生活，什么是必要的呢？

那就是在社会上生存下去的能力，自己独立思考做出判断的能力，能够和朋友们一起愉快相处、交流的能力，发生任何紧急情况都能够随机应变的能力和灵活性。

从这个意义上来讲，当然不仅是学历的问题，学习的心态、好奇心、知识储备、思考的习惯和努力的能力也非常重要。如果能够让孩子把学习过程中所具备的那些能力发挥出来，就能引导孩子走向自立的道路。因此，我认为学习是很重要的一件事。

在像这样以孩子的自立为目标的育儿过程中，我最注意的就是和孩子的距离。也就是说，应该与孩子保持适当的距离来培养他们。自立能力并不是马上就能够养成的，要与孩子的发展阶段相适应，恰当地调整和孩子们的距离。

当然我也有很多失败的教训和需要反省的地方。虽然也会重复着失败，但现在想来，孩子们在每一个时期对父母的依赖程度是不同的。

一般来说，父母和孩子吵架的原因就是在距离的保持上出现了错误。孩子是一定会成长的，但是父母却往往认为孩子永远都和现在一样（也许是那样希望的）。

孩子的身心都在成长。根据孩子的成长过程相应地调整与他们的距离，有助于培养他们成为自立的人。

幼儿期：任何事情都要在一起做（关系度 100%）

孩子出生了，对这个世界一无所知，只是在他的意识深处有"需求"。去听他的需求，理解他的意思，是作为父母的责任。

比如说一个因为肚子饿而哭泣的婴儿，即使给他换了尿布，他的需求也并没有得到满足，还是会不断地哭泣。为了使自己的需求得到满足，他会不断地变换哭声来向父母传递信息。只是靠本能生存的婴儿，就能根据自己的需求发出哭声。听到他的哭声，能够理解他的需求的，只有与他朝夕相处的父母。

但是如果再怎么哭，需求也得不到满足，孩子就会开始扮演"父母喜欢的"另外一个人，或者会放弃自己的需求。即使是孩子，也会把自己原本的需求渐渐地减少。长此以往，将来也许就会出现性格的扭曲。

因此，在孩子幼儿期，父母的职责就是为他们创造能够充分展现自我的环境。只有那样，孩子才能在今后的漫长人生中能够尽情开拓。

为此，首先要尽量和孩子在一起，在一起的时间里要百分之百地守护着孩子，和孩子的关系度要达到百分之百，当孩子需要什么或者想说什么的时候，也要尽量感知，培养孩子的过程由此开始。

能够传达自己的需求并且得到理解的话，孩子就会感到喜悦和安心，这样一来，他们才能够对外界的世界抱有兴趣，想要扩展自己的世界。如果需求得不到满足，他就会感到恐惧和不安，也不可能对其他事物产生兴趣。所以，培养孩子首先就要从与孩子的相处开始。

保持充足的陪伴时间

在大学时期所上的心理学课程中，至今仍有一堂课留在我的记忆里，那就是照顾猴子的幼仔。

在放入毛毯的笼子里长大的猴子，和在冰冷的、没有放入任何温暖东西的笼子中长大的猴子，有着截然不同的性格。接触到温暖的事物长大的猴子，有着稳定的性格，相反，没有接触过温暖的东西而长大的猴子极具攻击性。

在培养孩子的过程中，幼儿期一定是最重要的时期。这是培养孩子性格的基础时期。

孩子寻求温暖，是人类固有的需求和本能。不要控制这种需求，而是要尽可能地把父母的爱给他。因此父母和孩子无论什么时候都要在一起。有温柔的父亲和母亲陪伴在身边，就会给孩子的内心带来安定的感觉，孩子也能健康地成长。

在孩子的这个时期，无论何事我都和她们在一起做。只要在家就尽量和她们待在一起。

早上起床之后，一起准备早餐。女孩子似乎很喜欢扮演小小的妈妈，虽然只是简单地加入牛奶来搅拌，一起做薄烤饼。在面粉里加入牛奶并搅拌，这就是女儿的工作。

一块儿去公园，回来的时候一起去购物，一起考虑晚餐吃什么，一起吃午餐，之后一起睡午觉。

孩子睡着之后就是我可以做自己事情的唯一时间。现在想起来，因为孩子自己能做到的事情越来越多，使得我对时间的利用也更加高效了。对于孩子睡觉的两个小时我是很善于利用的，可以把和孩子在一起时不能做的家务和工作做完，阅读育儿书籍，做一些能够长期储存的食物……简直就像超人一样。

孩子午觉醒来后，一起吃下午的餐点，然后在傍晚时分一块儿去公园，接着一起回家，一起做晚饭。如果让孩子做一些她们力所能及的事情，孩子就会感到非常高兴。比如摆放碗筷，制作像餐厅里一样的菜单，在桌子上铺桌布，等等。如果觉得自己能够帮得上忙，她们就会更自信。

吃完晚饭之后，一块儿洗澡，一起睡觉。虽说当时还年轻，但一整天都和她们在一起的话，总是会觉得疲劳，因此我经常很快就会睡着。现在想来，我感觉女儿们时常在我半径 1 米之内。

另一方面，正如前文所说，因为在我心中有想把她们培养为自立的人的意愿，所以我有时候也会想，必须要按照育儿书里所写的那样，尽可能早地让孩子们自立。

但是，当我看到在公园里有些孩子可以离开父母独自玩得很开心，我又深深地感觉到女儿们无法离开我。成长很缓慢，我开始变得不安，感到焦虑，好几次我都刻意地稍微离开她们，结果却没有任何意义。如果强行离开她们，过后，孩子只会更加黏着我。

对孩子来说，勉强是行不通的。其实孩子自己觉得"没关系"的时候，就会自然而然地离开父母身边。

这个时间点因人而异，有的孩子早，有的孩子晚，既不能强行地推开他们，也不能勉强地留住他们。要依孩子的情况而定，这才是最重要的。

不必焦虑，也不必刻意学习，这种"视情况而定"的能力渐渐就会掌握。比起第一个孩子，之所以感觉第二个孩子更容易带了，就是因为明白了"视情况而定"吧。

　　为孩子而感到烦恼和焦虑的心情，我是十分明白的，因为我也曾经那样。但是直到孩子做好准备之前，我都重视和她们在一起的时光，因为再也不会有同样的机会了。在学龄前的这个时期，应该要把和孩子在一起这件事情放在第一位，这是打下良好基础的时期。

传递快乐

　　对于幼儿期的孩子来说，世界上所有的事情都是新鲜的，他所能看到的事物，也都是由父母展现给他的。

　　如果我看起来开心的话，孩子也会很开心；如果我摆出一副无聊的样子，孩子也会有样学样的。快乐的心情是做好所有事情的基础。无论做什么，只要快乐就能有干劲。

　　而且，这个时期正是我们可以让孩子进行更多体验的时期，无论什么都和孩子一起做，让孩子体验他所能做到的很多事情。

　　无论是否开心、是否喜欢，基础就是在这个时期打下的！原本，人们对自己觉得不开心的事就不会有干劲。长大后，有很多事情虽然很不情愿，却不得已必须要做。但孩子却不会这样，按照自己的意愿生活的孩子们，不开心的话就无法发起行动。

　　那么，怎样才能把快乐传递给孩子呢？

　　首先，父母要学会享受，乐在其中，如果父母积极地面对，孩子自然而然也会变得开心。回顾以往，让孩子们觉得开心的事情，几乎都是在那个时期做的。

孩子们会很开心地互相比赛，甚至让周围的人都觉得惊讶。

曾经很不擅长美术的我，和孩子们一起绘画、玩黏土，她们会比我进步得更快。和爱好收集的女儿一起，我也童心大发地开始收集石头，有时会找寻石头直到天黑，过后拿出来欣赏，这些石头真的很美。

孩子们即兴发明的游戏，我即使不懂她们的规则，也试着和她们一起玩，令人感到意外的是，我们会玩得很开心，哈哈大笑……

虽然是想为孩子创造更多的快乐，但恐怕我自己才是最快乐的。不必摆出大人的架子，和孩子们一起享受吧，快乐无须语言，就能传递给孩子。

快乐就是能量的源头，正因为快乐，所以能够坚持下去。

采用"亲肤育儿"

由于我的孩子们小时候是在美国长大的，所以对于身体接触完全没有抵触情绪，这一点我感到非常幸运，因为身体接触的效果是极大的。

无法用语言传达感情时，只需一个拥抱就能表达出来。

当孩子们发脾气甚至哭泣的时候，我抱着她们，拍着她们的肩膀，就能够使她们平静下来。

当她们生病发烧的时候，我抚摸着她们的脊背，她们的神情就会变得安宁许多。

无论是在意志消沉时进行鼓励，还是在高兴时分享喜悦，我认为再没有比身体接触更好的方式了。

通过很多的身体接触，孩子们的心会变得安宁，父母的心也能够得到满足。紧紧握着女儿温暖的小手，无论任何时候，我的心都会变得温柔和温暖。甚至可以说，是女儿手中的温暖支持着我。

但是，随着孩子渐渐长大，她们开始在意起周围人的眼光，对于和父母的身体接触也会感到很不好意思。当孩子主动放开在此之前一直牵着的手，那一瞬间，虽然父母心中会感到失落，但那是正常的成长过程，是没有办法的事情。

所以，在孩子能够开心地接受与父母有身体接触的幼儿期，正是建立良好亲子关系的好时机。要学会享受身体接触，去培养孩子安定的心和良好亲子关系吧！

培养习惯

我认为父母的作用就是教给孩子什么是正确的，什么是错误的，以及社会的规则，能够教导孩子这些事情的就是在孩子的幼儿时期。在这个时期，必须要牢牢地打下人生的基础。

培养习惯也就是在这个时候。不仅是基本的生活习惯，学习的习惯也是在这个时期养成的。

那么，应当如何培养习惯呢？

每天在固定的时间做固定的事情。每天都如此，虽然有很多培养习惯的方法，但是不管怎么说，快乐才是培养习惯的基础。孩子是不会做自己不喜欢做的事情的。

对于这个时期的孩子来说，比起要记住什么，感觉到快乐的过程才是最重要的。如果有了快乐的心情，第二天也会想做，并且以后也想一直做下去，渐渐地，那就会成为习惯。（关于具体习惯的培养，将在第5章叙述）

所谓的习惯，并不是一朝一夕就能养成的，而是要通过每天不断地反复才能培养出来。在和孩子一起度过的幼儿期，我和孩子一起培养习惯。正是能够共享快乐的幼儿期，才是能够快乐地培养习惯的最好时机。

培养自信的原点

当我被问到"想要培养出会学习的孩子，什么才是最重要的呢"，我的回答是"让他们拥有自信"。

自信才是积极心态的原点，也是孩子向前闯的力量之源，也就是说，会成为一个良性循环。

在孩子的幼儿期，就会奠定这种自信的基础。在这个时期，获得很多的表扬，得到认可，处于安心的环境中，对于培养孩子的自信有很大的帮助。

感觉父母总是保护着自己的安全感，以及无论自己做什么，父母都会注意自己的满足感，还有得到表扬时的喜悦，觉得自己很棒的感觉，都会变为自信。

"你真努力啊！"

"你真棒啊！"

像这样得到认可成长的孩子，和总是被训斥"你真差劲""为什么会这么差呢"长大的孩子，在今后的人生中所拥有的自信当然是截然不同的。

表扬孩子的原因有很多。昨天的孩子和今天的孩子，如果我们仔细观察的话，一定会发现有所不同，有所进步。

比如在画纸上创作的画，仔细看的话，昨天画了一张脸，而今天在脸旁边则画了一朵花；又如在沙堆上做的泥团，仔细看的话，今天的泥团也许会更圆。

孩子每一天都会有所进步，父母要发现这一点并予以表扬。将发现到的哪怕一点点的进步说出口、表扬他，这样就能培养出孩子的自信。即使在此之前没有表扬过也没有关系，从今天开始就可以了。即使被人认为是溺爱孩子也没有关系。

这个时期的孩子会坦然地接受褒奖的语言。这些语言会直接在孩子的心中扎根，这正是为孩子创造自信的绝好机会。

顺便说一句，我就是那种众所周知的"溺爱孩子"的母亲。

小学时代：引导（关系度80%）

到了上学的时候，孩子会发生很大的改变。

而且父母也要相应地做出改变。

让女儿来说的话，那是我"最可怕的时期"。

为什么会发生这样的变化呢？

首先，上学之后，孩子周边的社会就有所不同了。从相对来说做什么都被允许的幼儿园，到有了一定规则的学校。因为一旦开始学习，就会被人评价，但因为是在集体中生活，所以忍耐也是必需的。当然孩子的压力也会相应产生。

父母也开始在意孩子的学习，要求学习的结果，在有些事情上甚至会强迫孩子，也会把自己的孩子和周围的孩子进行比较。幼儿期"什么时候都在一起"的轻松相处方式已经悄然发生了变化。对不听自己话的孩子会感到生气，有时我也会变成那样"可怕的"母亲。

孩子可能是由于在意别人的眼光，所以有时刻意避免和父母的接触。亲子之间开始产生了隔阂，如果事先没有意识到这一点，那么就连和孩子的交流都会变得困难吧！

但是，即使表面上发生了变化，孩子在内心里还是强烈需要和父母的相处，依然很重视父母。

虽然孩子已经会说一些大人话了，但这个时期对于他来说，仍然有太多未知的事情，还有很多事情必须由我们来教给他们。

以各种形式表现出来的孩子的需求，我们要去接受，并且做出应对。

总之，这个时期也要求我们拥有作为父母的宽广的胸怀和气度。

虽说是小学生时代，但是随着孩子从低年级到中年级，再到高年级，他们的情况也会发生变化。我认为平均来看，在我家的亲子关系度是 80% 左右。

要引导着迷茫的孩子向前。可以说，小学时代就是由父母引导孩子向前的时代。

聆听孩子的话

我的两个女儿都是爱说话的孩子，即使上小学也总是跟在我的后面，絮絮叨叨地说个不停。

　　在我看来，在日常的繁忙中，放下手头正在做的事去倾听她们说话是相当令人头疼的，但是因为女儿们一直在说，所以没有办法，我也只好一直听着。

　　小学低年级的孩子会经常把在外面发生的事情带回家里说。因此尽量去听他们说话吧。当时的我带着有些无奈的心情来听着，但现在看来，我觉得幸亏那个时候聆听了她们说话。

　　在创造良好的亲子关系方面最重要的事情，就是用心听对方说话，更进一步来说，就是把心投入到倾听中。在这一点上我是很有自信的。

　　如果有人倾听自己的话，孩子就会愿意说，并且一边说一边整理自己的心情，最后能够发觉自己真正的想法。

　　并且，为了排解在外面所受到的压力，与别人聊天也是一个很重要的方法。即使遇到了不愉快的事情，把它说出来，就会感觉到其实那也没有什么大不了的。

　　随着孩子渐渐长大，她就不太爱说自己在外面遇见的事了。幼儿园的时候我还可以说出她的差不多 20 个朋友的名字，到了小学时，我就不太知道她有哪些朋友了。但是，孩子如果告诉我在外面遇见的事，我也就会明白孩子学校的情况。

　　谈话有着如此良好的效果。

　　要想给孩子创造良好的谈话环境，父母所能做到的，就是用心倾听。一边点头，表示对孩子的话的理解，同时不要打断他们的话，好好听就可以了。

这样一来，亲子关系毫无疑问会加强，并产生良性循环。孩子希望父母倾听自己，让他们尽情地说吧！

让孩子认为"我可以"

其实直到小学高年级以前，我都一直相信圣诞老人是真实存在的。

我的这种想法源自父母为我所做的种种表演，而告诉我"圣诞老人真实存在"的，正是我的母亲。

虽然朋友们都说"圣诞老人是不存在的"，但是我却坚信，"因为是妈妈告诉我的，所以圣诞老人一定存在"。

父母的话语，对于这个时期的孩子而言是绝对正确的。

"是爸爸说的，肯定没错！"

"妈妈什么都知道呢！"

在小学低年级的孩子之间还能听到这样的对话，由此说明，父母说出来的话是多么重要。因此我们必须对自己说出来的话负责任。

如果父母对孩子总是持否定的态度，说一些打击的话，那么孩子会怎样呢？

可能他就会觉得自己很没用，一无是处，就连表情也会变得黯然。

反之，如果父母对孩子说一些积极的话，那么又会怎么样呢？

语言有着不可思议的力量。父母对孩子说："你能行！"孩子就会真的感觉自己能做到。这种感觉就会推动孩子向前，使他发挥能力，结果就真的可以做到。

如果觉得自己能行，就会变得喜欢，如果变得喜欢，自然而然就能拿出成果。这是一个良性循环，当然孩子的性格也会变得更加开朗。

学校的集体生活一旦开始，来自他人的评价也会开始，孩子自然而然就会把自己和朋友进行比较。因此在这个时候，父母的语言也变得更加重要。

能够让孩子相信"没关系，我能行"的，也许只有父母。知道孩子的优点，知道怎么做孩子才会高兴，这也唯有父母才能做到。

选择哪种做法并不重要。

可以不断地告诉他"你能行"，用语言加以暗示会收到很好的效果。让孩子发觉昨天之前的自己和今天的自己有所不同，表扬他的哪怕一点点进步。或者让孩子诉说自己的理想。无论何种做法，只要让孩子相信自己能做到就是最好的。

顺便一提，我的口头禅就是"你真棒！也教教妈妈吧"或者"你真是一个小天才呀"。

让孩子自己决定

在培养学习习惯时，如果由父母来全盘操纵的话会怎么样呢？

若是幼儿期的孩子，那么父母即使这样做，他们也不会有任何不满吧。因为那个时候他们还没有能够自己决定的能力。

但是，学龄孩子已经有了自己思考、自己决定的能力。这时的孩子如果完全按照父母的指令去行动的话，刚刚开始萌生的独立思考的能力就无法得到锻炼，不久就连思考也不会有了。而且，如果被父母全盘操纵，就会莫名地背负很多义务感，快乐则会烟消云散。

"你是怎么想的呢？"

"你想怎么做呢？"

当父母和孩子做一些约定的时候，听听孩子们的心情和意见是很有必要的。

虽说如此，即使问孩子"你是怎么想的呢"，很多时候他们也会回答"我不知道"。在这种情况下，我们不妨换一个更容易回答的问题。例如"这个和那个，你觉得哪一个更好呢"，让孩子二选一，他们马上就能够做出选择。"那么，你告诉我你讨厌的事情和做不到的事情吧"，像这样，可以先从询问孩子不想做的事情着手。在说着自己讨厌的事情的过程中，孩子就能够渐渐地发现自己想做什么。

总之，多听听孩子的意见，而且询问他们容易回答的问题。自己的意见被父母聆听，每一个孩子都会感到开心吧。

不仅如此，自己决定的事情就是和自己的约定，因此孩子会不断地努力向前。这种决定力和自我约束力不仅在考高中、考大学和求职过程中是必要的，在人生中任何时候都是不可或缺的。

首先让孩子思考，多听孩子的意见，给孩子自己决定的机会吧！

能够做决定的能力是非常重要的。

成为"引导者"

"这里这里，快来这里，看起来很好玩哦！"

如果把我这个时期的育儿方式语言化，就是这样的一种感觉。我在孩子面前，引导她们前进的方向。也许有人说我是过于保护了。如果想让孩子尽快自立的话，我反而认为在某种程度上给予他指引是比较好的。让孩子自己思考、做出决定是很好的。

正如前面所述，让孩子自己决定他想做的事情当然是很重要的。但是我认为，应该给孩子一个可供选择的范围。

如果贸然地问孩子"你想做什么",对于还不知道到底有什么选项可选的小学生而言,是无法做出决定的。在这种情况下做出决定的话,就会把人生的可能性缩小,这是一种危险的行为。就算告诉他"你已经是 X 年级学生了,要自己思考",孩子可以思考的范围还是太小了。

做出什么样的选择才好呢?该去往哪里才好呢?看不见终点,也不知道将来的方向,这简直就像在暗夜行路时被问到"你想去哪里"一样,使孩子感到迷茫。在黑暗的森林中踌躇徘徊,怎么样也找不到出口。

因此,与其把孩子放在黑暗的森林中,倒不如由父母走在前面,引导他走向光明。如果在某种程度上为孩子指引方向,在那之后,他们就能够自己做出选择,不断前进。

把决定权交给孩子是很重要的。但同时,父母也要为他准备可供选择的选项。我认为在这个时期,紧密的亲子关系还是相当重要的,这还是一个要由父母手把手教的时期。

小升初时的相处模式

我让孩子报名参加了小升初考试。

当然,虽然征求了孩子的意见,但做出决定的还是我。

在决定报考之前的这段时间,其实都是对父母的考验。

我也在女儿的报考上下了相当大的功夫。

大量的练习题，做不完的作业，过于严格的老师（补习班有很多斯巴达式的老师），从补习班回来的时间甚至比父亲回家还晚，很多时候晚餐也都是用便当来解决……

在休息日做模拟考试题，寒假和暑假也都要上课。

对于一个还是小学生的孩子来说，这是一个过于严苛的世界，小升初考试所造成的压力已经远远超过了孩子可以独自承受的范围了。

因此，对于小升初考试，如果没有父母的参与，是无法实现的。原本，作为教育的一环就是让孩子报考，那么报考的经历在孩子的人生中就会成为宝贵的经验。父母也要以良好的姿态从旁协助。

现在有很多孩子从小学二三年级开始就准备报考，所以，在备考上花费的时间是很多的。花费这些时间并不仅仅是为了通过考试，而是在这个过程中所做出的努力，还会产生种种的可能性。

比如培养早上学习的习惯、时间管理的技巧、专注力，等等。能收获到的东西有很多。

虽然小升初考试对于亲子双方来说都是不易的，但既然选择了这条路，就要有足够的心理准备。从备考中所能收获的，是无可替代的宝贵财富。

然而，尽管孩子和父母都想全力以赴准备小升初考试，但是仅凭一方的想法都是难以成功的。父母和孩子要有同样的愿望"想在那个中学学习"。那样的话，父母在孩子身边予以支持，才能达成报考的真正目的。

从报考中还能得到一个重要的东西，那就是"良好的亲子关系"。

中学时代：等待（关系度 50%）

女儿有时候会对我这样说："妈妈，我感觉自己的身体里有两个人。"

每一个孩子在叛逆期时的表现各不相同，但是，绝大多数的孩子在上中学的时候，都会或多或少地体验到自我的觉醒。

我把这个时期称为"需要为孩子加油的时期"。

迎来叛逆期，面对着觉醒的自我，无论是对于孩子还是对于父母，也许都是最痛苦的时期吧。

但是为了跨越这个时期，为了确立自我的存在，孩子会不断努力。这是孩子离开父母的羽翼，独自向前迈进、苦苦挣扎的时期。当然也会有很多不安定的因素。

因此我们要温暖地守护他，为他加油。而且必要的时候，要伸出援手。

这个时期父母的存在是非常重要的，关系度是50%。就算让孩子独自面对，也要用智慧来帮助他。我的职责就是跟在孩子的身后，当孩子消沉的时候给予理解，当孩子疲劳得无法前进的时候，从后面推动她。

不焦躁、不催促，但是也不放任自流，即使孩子有时候徘徊不前，也要耐心地等待他。我认为这就是在初中阶段父母所需要采取的与孩子的相处模式。可以说，此时父母的心里还是有可以容纳这一切的空间吧。

理解

在初中二年级暑假结束的时候，孩子突然发生了变化。

在此之前可以说是"好孩子"的女儿，我要她做的事情她都会做，也会拿出我所希望的结果，是一个很努力的孩子。虽然有时候我也会有一些挫败感，但是可以和她保持很好的交流，在培养孩子这件事上并没有特别的不安。

但不知是什么时候，也不知是什么原因，我发现一直以来都在我的保护下成长的女儿，心中有了前所未有的变化。她有了和以前完全相反的性格，像是变了一个人似的。

这就是叛逆期的开始，也是自我觉醒的开始。

这时的女儿，为了表现出自己的存在感，会对之前的自己完全抵触。

对于孩子这种突如其来的变化，父母当然会手足无措。这孩子到底是怎么了呢？想要想方设法地让她回到原状，但是那反而会适得其反。我必须要理解的是，最痛苦的其实还是女儿自己。孩子的叛逆期是成长为成年人的必要而且重要的环节，绝不是什么坏事。这也是父母的力量受到考验的时期。

为了跨越过这个时期，有一条铁律，那就是父母不要慌了手脚。

父母的心情会通过语言传递给孩子。

因此，要对孩子说："无论发生什么都没有关系，我会陪在你身边。"像这样，给孩子安全感，并以积极的姿态来给予理解，这对于帮助孩子跨越叛逆期是非常重要的。

面对着突然产生变化的孩子，父母当然会担心。但是，要为他加油，帮助他，等待他将觉醒的自我好好地收藏在心中。对孩子的变化有激烈的反应，拼尽全力想使他恢复原状，只会起反效果。

有的父母可能会说："在平时的生活中，没有时间那样慢慢地等待他。"

不要这样找理由，在必要的时候向孩子伸出援手。坚定地面对孩子，在孩子将要走上歧路时，帮他修正道路。

我认为这种相处模式才是最好的。这个时期的孩子，说话方式很直接，有时甚至会伤害周围的人。但也没有必要对此感到忧心。"虽然他只是孩子，但那样说话也会令人感到生气"。父母也是人。实际上当我们处于漩涡中时也不知道该怎么办，对小的事情也会在意，也会烦恼和苦闷。这也许是在我人生中最痛苦的时期吧。

那个时候我听到了一句很棒的话。这句话拯救了虽然明明头脑明白，却无法付诸行动、踌躇不前的我。那就是"我明白你的心情，我们不妨试试这样去做吧，去听听孩子的想法，为什么会说出那样的话来"。也就是说，并不是去听孩子说什么，而是要去究其原因，探寻他说出这句话背后的想法，问问他真正需要的是什么。

的确如此，听听孩子说出"讨厌自己，讨厌家人"这句话背后的心声吧！如果把注意力集中在"为什么孩子会说出这样的话来"，就能够找到孩子说出这句话背后真正的心情。因此我认为，说出这句话的孩子也感到苦闷，去理解她是我应该做的事。那样的话会使我们的视野更开阔，想法也更加深入。孩子说出来的话其实是按捺了一段时间之后才说出来的，那么我也没有必要对孩子的话马上做出激烈的反应。于是，需要再次好好地和她沟通。

有时人际关系会因为谈话方式的不同而向着意想不到的方向发展，即使是本应该融洽的亲子关系也是如此。这个时期若是想和孩子建立良好的信赖关系，就不要对孩子的语言和行动有激烈的反应，而是暂时搁置一段时间之后再去思考和回答。

等待时机

这个时期的孩子表面上不怎么和父母亲说话了。即使父母要求孩子坐在自己的面前进行说教，但是如果孩子没有做好心理准备的话，父母的这些话也是无法进入他们的内心的。

但是不管怎么说，孩子还是想征求父母的意见。

我们有很多必须教给孩子的事情。在这个时期要看准机会，当孩子有谈话的心理准备时，就要看准时机和他谈一谈。孩子的心情有起伏周期，如果时刻关注着孩子，当你发现在某个瞬间孩子想跟你说些什么的时候，不要错过时机，就在那时和孩子面对面聊一聊吧！

如果有这样的机会，我通常会和我的孩子一块儿外出，一起做一些特别的东西来吃，并不是突然聊到核心话题，而是当孩子的心情平缓时再慢慢地和她聊，这是非常有效果的。

如果没有和孩子谈话的好时机，我们就要去创造。和孩子一起去购物效果会很好。比如在和孩子讨论该买什么样的沐浴露时，就可以以此为切入口。对孩子喜欢的运动抱有兴趣，和她聊聊关于那个运动的事情，渐渐地，话题就能扩展开来。

把孩子的心防解开，谈话的时机就会到来。这时，就要去问孩子"你想怎么做呢"，不要使用否定的语言，而是要全盘地理解和倾听，然后等待。反复几次，孩子的心就会渐渐融化。越使用强硬的语气说话，孩子就越想逃走。如果觉得现在还不是好时机，就先暂时不要谈。

读取孩子的"非语言信息"

父母总是认为自己了解孩子的一切。我也不例外。我确信在我们家，亲子之间的交流是相当充分的。抱有这样的想法培养孩子，并对此有着莫名的自信，甚至自负，认为自己了解孩子的一切。

但是那其实是错误的。

虽说亲子之间会有交流，但是孩子有着自己的世界，所以并不是任何事情都会对父母说。特别不好的事情、烦恼的事情是不会告诉父母的。顺利的事情想和父母聊聊，但是不顺利的事情就不想说，所有人都是如此吧。这时，父母所能做到的事情就是读懂孩子的"非语言信息"，绝对不要强迫孩子把一切都说出来。

"非语言信息"也就是孩子说不出来或者不想说的事情，我们要尽量读懂它。这种信息是通过表情和声音等展现出来的。正因为是每天见面的父母，所以能很敏锐地发现孩子的异样。那时候，即使直接问孩子发生了什么，孩子也不会回答。

当孩子发出"非语言信息"时，要拥抱孩子，告诉他"我会陪在你身边，没有关系"，对于弱小的孩子而言，这足以安心。如果父母觉得孩子今天有一些异样，就若无其事地和孩子聊聊吧。把孩子的心情转移到别处，这也是我经常采用的方法。于是，孩子可以暂时忘记烦恼的事情。不久，那件事情就变得无所谓了。

即使是刚刚开始拥有自我世界的孩子，如果他们知道自己是被父母所珍重、爱护着的，有着归属感，这些也都会成为打败不安和恐惧的原动力。

读懂孩子的"非语言信息"，并且用非语言的方式来传达。如果去读取孩子的心情，我们的心情也一定会传递给他们。当双方的心联结在一起的时候，我们就能够真正地享受作为父母的感觉，孩子也能安心，转而向着下一个目标前进。

如果平时关注着孩子，那么就能读懂他的"非语言信息"。所以，让我们更加关注孩子吧。

谈论将来

伴随着自我觉醒，孩子们开始在意的就是将来的事情。

此时，在女儿心中，就把东京大学定为了将来想考取的目标学校。

在此之前还很模糊的将来，现在稍微清楚了一些。并且，对一直以来按照父母所安排的道路行走的自己开始产生了疑问。这也是对父母所说的话开始产生抵触情绪的时期，因此如果父母还用命令的口吻说话，就会招致意想不到的不良后果。

作为父母，首先就要寻找和孩子聊天的最佳时机。如果在那个时候聊聊未来，会得到很好的效果。

对于孩子而言，将来是未知的世界。每一个孩子都有着远大的理想。要告诉孩子他是有着无限的可能性的。如果发现了某种将来的可能性，孩子就会有自信，产生前进动力。亲子之间如果聊聊未来的事情，就有可能成为使孩子从叛逆期脱离出来的催化剂。

"你是怎么考虑的呢？"

"你想做什么呢？"

像这样询问，就能使他养成以自己为主体思考问题的习惯。

这个自我觉醒的时期，是与小时候完全不同的、有着很大变化的时期。只要跨越这个时期，孩子就能够得到很大的成长，逐渐成为自立的人。和孩子一起想象将来的事情吧，从中应该可以发现各种各样的可能性。

中考时的相处模式

在叛逆期中迎来了中考。

即便不能说是很严重，但是孩子此时由于自我的觉醒，心理仍然处于不安定的状态。中考一定会给孩子带来巨大的心理压力。而且在孩子心中，有着各种自己的想法，因此，在填写志愿学校时会犹豫不决。

中考与小升初考试不同，并不是在一天内结束。而且因为考生情况介绍十分重要，所以平时在学校的学习成绩以及班级活动也不能忽视。由于自我的觉醒导致孩子内心出现了混乱，产生了动摇，而且会有巨大的心理压力，甚至有可能会因为承受不了而倒下，所以父母要给予理解，帮助孩子保持心态的平稳。

在了解了这些情况之后，必须意识到填写高中志愿学校也关系到将来考大学的事，完全交给孩子自己是不行的。这是因为，虽然孩子长大了许多，但是他所能看到的世界还是有限的，所知道的事还是不够的。

父母不要将自己的想法强加于孩子，而是要告诉孩子作为一个成年人的看法，建立一个可以给孩子提建议的亲子关系。

不要被孩子说的话所左右，因为孩子说的话每一天都会变化，父母一定要把握住重点。

　　我们家的孩子在填报志愿时，一会儿说想去艺术高中，一会儿说想去国外留学，有一段时间她们的想法变化多端。到了最后，她们的想法又回到原点，说要按照我所建议的方向升学。

　　虽然会抵触父母的意见，或者予以反驳，但是孩子们最终还是会听从父母的意见。即使不会马上同意，父母的话语在孩子心中也是非常有分量的，父母的作用还是很重要的。

　　不要期待孩子马上接受父母的意见，但是作为父母，如果有自己认为正确的意见的话，一定要告诉孩子。

　　特别在这个时期，父母需要有包容心，如果没有这种包容，面对着处于复杂心境中的孩子，就无法用智慧给予他们意见。

高中时代：别拖孩子后腿（关系度30%）

　　高中三年很快就会过去，似乎中考刚刚结束，马上就迎来了高考。进入了目标学校以后，会感觉到在高中入学的同时就要开始准备高考了。

到了这个时期，孩子已经安定了许多，在父母看来是能够放心了，会感觉到孩子的成长。

但是孩子长大了，却渐渐地不太听父母的意见了。作为父母来说，有时会感觉到失落。

虽说是自己的孩子，但是有时却感觉就像在和一个成年人说话一样。此时的关系度是 30%，这是一个需要父母稍微保持一些距离来关注孩子的时期。关注着开始全力奔跑的孩子，在孩子有需要时，要予以协助。

孩子的身体在成长，身高已经超过了父母，但是他们还保留着不谙世事的部分，因此还不能减少对他们的关注。在备战高考时，要为他们创造舒适学习的环境，给予温暖的支持，使他们向着目标全力以赴，我认为这就是这个时期父母的职责所在。

时刻关注他们，但是不要过多干涉，孩子在成长，要相信孩子自己的能力。

不插嘴

临近高考，基本上父母已经无法在家教孩子什么了，也不再需要接送他们去补习班了。就算不给他们准备便当，如果孩子肚子饿了，也可以自己在外面吃点什么；即使不事先为他们查询路线，自己也可以自由地去任何地方；即使不为他们买东西，他们也可以自己去买想要的东西。

在休息日，比起和家人在一起，他们更多时候是和朋友一起度过。

父母的参与毫无疑问地会减少。他们在补习班所学到的东西，父母也渐渐地无法把握了，今天到底学了什么呢？成绩好吗？

父母的参与，比起以前突然减少，任何人都会觉得不安吧！对待高中的孩子，我该怎么做才好呢？这是经常能够听到的问题，我的回答是：不要拖他们的后腿。

父母过于干涉，有时就会拖孩子的后腿。

就算以爱的名义来对待孩子，对于想要自立的孩子来说，如果父母时刻都跟着他们，就会成为拖他们后腿的因素。这个时期的孩子已经在某种程度上掌握了自己的学习方法和安排时间的方法，想要按照自己的意志去做事，也有了独立思考的能力。

我理解父母担心的心情，但是我们要避免过多地干涉孩子。因为这有可能会成为压制孩子干劲的不利因素。

虽然在父母看来他还是孩子，但是很多事情他已经能够自己独立完成了。稍微拉远一些距离关注孩子，如果有必要的话再去帮助他。相信孩子的能力并且耐心等待，我认为这就是父母需要采取的相处模式。如果从旁说太多话，就会和拖后腿是一样的效果。所以，放弃无谓的能量消耗吧。

成为"管理者"

我从这个时候开始意识到我是孩子的管理者，有很多职责。

首先就是管理孩子的生活习惯。既是她的时间管理者，也是营养师；既是使她保有动力的支持者，也是加速目标达成的教练。当孩子疲惫的时候，我也负责让她放松。并且我还要负责购买她所需要的物品，还要成为她的聊天对象。

其中，我认为时间管理者的作用尤其重要。

为了参加高考，当然必须要完成很多相关的学习。但她不想只是学习，她还想参加学校的社团活动，珍惜和朋友在一起的时间，还有更多自己想做的事……孩子想做的事越来越多，但是时间有限，她只能想尽办法安排时间。如果父母只是拿出强硬的态度，为了让孩子学习而把其他所有的事情都放弃的话，孩子不仅会裹足不前，而且干劲也会消失，最后就连自立的精神也会失去。当然学习是最优先的，但是可以一边学习一边想办法去做其他想做的事情。如果转换为这样的想法，孩子就能够很好地利用时间了。例如，想要为文化节做准备的话，就把学习的时间集中起来吧。如果哪一天想和朋友去看电影的话，这一天就早起吧。

并不是"不许做"，而是"该怎么利用时间"，这才是最重要的。

学校的老师经常说：在学校学习好的学生，还有积极参加学校活动的学生，往往在考试中都会取得好成绩。

并不是为了做一件事情而取消其他的事情，而是要思考为了做好这件事，该如何合理安排其他的事。在这个过程中，就能培养出专注力和思考力。

作为管理者，父母应该监督和确认孩子自己做出的计划。"明天要和朋友出门，所以今天要完成这些学习任务吧"，像这样，帮助孩子一一确认既定的安排。父母也来参与孩子的计划，那么孩子就更容易遵守自己的安排。并且，身体才是根本，从饮食生活到睡眠时间，总体来看孩子的情况，当他过于辛苦时提醒他休息，当他停滞不前时从背后给他动力。

距离考试日期越近，我们越应该成为帮助孩子排解压力的人，经常陪他聊一聊。通过聊天，人就能够有效地释放压力。我在遛狗时经常会把女儿也一起带出去，在不同的地方和她聊天，心情也会不同，平时说不出来的话此时也能聊。

能够作为管理者在精神上接近孩子，对此，我感到非常的骄傲。为即将在广阔世界展翅高飞的孩子加油，对我来说是无可替代的重要的事。

告诉孩子"没关系"

为了闯过考试关，不能只学习喜欢的科目。每一个学校的考试科目各不相同，试题的倾向也有所不同。如果是理科的话就要学这一门，而如果是文科的话则要学那一门，所以并不是那么简单的。

在选择目标学校之前，必须确定自己报考的科目。在某种意义上来说有时会产生矛盾。在决定好考试科目之后，目标学校又发生了改变，这种情况下不知道该怎么办才好。考试真是令人烦恼的一件事啊！

这时，如果有谁可以告诉自己"没关系"的话，心里就会坚定许多。一句"没关系"就能够使人的心情放松。在只能独自面对的考试中，旁边如果有经常对自己说没关系的父母，便可以让孩子安心。在不安的孩子身边，父母微笑着告诉他"没关系，你很努力"，孩子便会振作起来，这就是语言的伟大之处。一句"没关系"，就能减轻孩子的不安，照亮他未来的路。多说几次"没关系"吧！

让孩子放松

考试越来越近，考生们都有着巨大的压力。

时间不够，做不完要做的事，精神疲惫，倍感压力，并且由于长时间伏案学习，肩膀酸痛、眼睛疲累……在考试倒计时的日子里，甚至会不知道该学什么才好，变得迷茫。

在那种充满不安的状态下，是无法做到有效率地学习的。因此，尽可能消除孩子的不安，让他放松。

放松身体，就能放松心情。心情舒缓的话，头脑也会有思考的余地，就能够清晰地思考下一个问题。

想特地为备考的孩子做些什么，我把这种想法称为"考生福利"。每天临睡前，我会给女儿们按摩，帮助她们放松。

也许有人说我对她们过于溺爱，但是我却完全没有那样的想法。作为孩子的管理者，我们就要帮助她们消解身体和精神的疲劳，并且要采用肌肤接触的方法以及有效的交流。对我来说，再没有比这更棒的事情了。

当然孩子们也会很开心。我想这是因为她们读懂了母亲对她们的爱。充分感知到母亲的爱，血液循环也变得通畅，身心都得到放松，于是得到优质的睡眠。看着女儿们美好的睡颜，我的心也放松了，我想这就是最幸福的。

自己认为是好的事，就不要在意他人的眼光，去做就可以了。

睡觉前女儿对我说的"妈妈晚安，谢谢您"，给予了我这样想的勇气。

高考时的相处模式

对于考生来说目标是什么呢?

当然是考上理想中的学校。

但是我却认为不能只停留在"通过考试"这件事上,"通过考试"只是下一步的开始。考上了这所学校之后想做什么呢?并且将来所追求的是什么呢?那才是真正的目标。

如果不把焦点放在通过考试之后的话,那么当考试结束时,干劲也就用完了。入学之后就失去了奋斗目标,没有目标的大学生活,只会感到空虚和无聊。

因此,为了让孩子继续努力下去,我觉得应该把目标设定为考入大学之后。

为什么想去那所学校呢?在学校想度过怎样的大学生活呢?从学校毕业之后,想走怎样的人生道路呢?对考入大学之后的生活抱有期待,孩子学习的热情将会更高,就能加速突破高考这个难关。

我经常会对面临考试的女儿这样说:"进了那所大学之后,想成为什么样的大学生?"

"想参加什么样的社团?暑假打算怎么过?有没有想过留学呢?"

"毕业之后就要工作了吧?将来想从事什么样的工

作呢?"

"结婚之后还想继续工作吗?"

想象将来的事情是很快乐的。比起以通过考试为目标，如果有一个将来的长远目标，那么就会无论如何都想合格，动力也随之提升。

在高考时，父母客观上的参与几乎没有了。只是在精神层面，还有这样那样无形的作用。不要干预，不要插手，坚定地面对孩子，并且相信他。在我心中总是为孩子的成功祈祷。

以上就是我所认为的，每一个年龄阶段亲子之间的相处模式。我想这是无论哪一个时代，父母都需要注意的事情。也就是说，依然还是要关注着孩子，并且保持倾听和有效的交流。父母不要用力过度，不要过多干涉。坚定地面对孩子，相信孩子的能力，这也就是所谓的"父母的智慧"。

第 5 章

成功考入名校的学习方法

培养孩子没有正确答案。

同样，孩子的学习方法也是如此。

如果只是照搬所谓"正确的"学习方法，其实是无法培养应用能力和适应能力的，也不利于孩子的成长。

在很多的尝试中，找到最适合自己的方法，那个过程就是学习，可以促进孩子成长。所谓培养孩子的过程，其实也是在不断的尝试中逐渐找到适合孩子的方法的。我也做过各种尝试，最终发现了有利于孩子的学习方法。即使那时还不明白，但是现在回首看来，会觉得那真是很好的方法。在这一章，我将介绍我们家在孩子的幼儿期、小学时代、中学时代，分别都是以什么学习方法为重点的。

幼儿期：给予刺激的 5 个游戏

通过给予一定的刺激，孩子的才能就会提高。

孩子的才能是无限大的，特别是在幼儿期，提高得尤其明显。在这个时期亲子之间的相处模式，不仅会使孩子的才能得以发挥，也会给将来的亲子关系带来很大的影响。

和孩子一起快乐地做游戏，来最大限度地激发出孩子的潜力吧！

猜谜游戏

我曾经被问道："您家两个女儿考上东京大学最大的秘诀是什么？"我被"最大"这个词搞得有些困惑。最近我经常在想：这会不会就是所有成功的原点呢？

秘诀就是智力玩具。"我想要能够给予孩子大脑刺激的玩具",和朋友谈论过此事,也翻阅了相关的杂志,买了很多的智力玩具。最初给孩子买的是"猜谜卡片",彩色的、画着图画的,既有纸质的,也有木质的,当时我买的大多数都是这些玩具。

有图案的猜谜卡片,上面有着各种图形,还可以认识各种物体的名称。

海龟探索智力拼图游戏

这个拼图有着易于抓握的小把手,方便孩子拿起来。

但是,不能只是把这些玩具丢给孩子让他自己玩,而是要和孩子一起玩,当他成功时及时给予表扬。偶尔也要装出"不会"的样子,让孩子教自己,并且表现出感动的样子赞不绝口。想让孩子尽早会玩猜谜游戏,所以当孩子无法做到的时候,父母就容易生气:为什么连这么简单的事情都做不好?但其实如果父母表现出不会的样子,对于教育孩子来说才是最有效果的。教育孩子的目标就是,要把孩子的潜能激发出 120%,不要被一时的情绪左右并发火。

女儿们能取得今天的成绩,最根本的原因就是"简单的猜谜游戏"和我的"故意输给孩子的教育法"。

除了猜谜卡片,还有拼图。最初从 10 片开始玩,慢慢地增加数量，孩子们的自信和能力也同时增长，因为孩子们在猜谜卡片上也可以看到画和图形，所以他们很快就能够挑战 50 片、100 片的拼图了。

但是如果突然给她们过于难的东西，她们不仅做不到，甚至会连她们的自信也夺走，到最后就连猜谜卡片都变得讨厌了。

所以"不要急，慢慢来"是非常重要的。

全景拼图（德国产）

从 10 片、49 片，到 100 片、200 片，种类很丰富。

初中、高中、大学的学习也是如此，慢慢地往上攀升。

作为父母，当然想给孩子难度更高的参考书和最难的习题集，但是如果做不到的话，孩子最终只会变得讨厌学习。

在孩子的成长中，在低龄阶段开发一些能力是很重要的。

我听说积木对孩子的能力开发也是有好处的，因此曾经尝试过，但是我们家的孩子对此完全没有兴趣。由于天生的性格，所以也会有喜欢和不喜欢的东西吧。请大家一定要去寻找适合孩子的玩具。此外，我们家的女儿们还喜欢玩一种玩具，那就是 Dusyma 公司（德国）的木片镶嵌玩具。这是一种用三角形和菱形木片去组建出各种形状的玩具，专门用于培养想象力。

Ravensburge 公司（德国）的记忆卡片

用寻找匹配的拼图来培养记忆力。

迷宫游戏

除了猜谜卡片，我也经常和孩子一起玩用蜡笔或者水彩笔反复练习的迷宫游戏，那是在大女儿两岁的时候。在书店里有很多各种各样的智力训练书籍，例如有寻找隐藏图画的练习，也有描图的练习等，女儿感兴趣的只有迷宫游戏。

学研、公文（くもん）出版社的练习书

户田设计研究室的图画书

她们不感兴趣的一些书籍，即使买了我也从来没有让她们做过。

练习书并不是作业或者习题，虽说买回来了，但如果勉强让孩子做的话，有可能她们就会讨厌在纸上书写的东西。

所以必须绝对避免的是亲子关系的恶化。

无论你再怎么认为这是为了孩子好，但孩子却是无法理解那种心情的。头脑变得聪明、将来度过更好的人生，这些事情跟孩子自身似乎是没有关系的，他们自己也不会有这种意识。

孩子所能理解的就是"让我做我喜欢的事情而表扬我的父母""让我做我不喜欢的事情而生气的父母"。如果幼儿期亲子关系恶化的话，那么就会对之后的小升初考试和中考造成很大的影响。

因此，孩子不喜欢做的练习要就此放弃并且果断地扔掉。

于是，做着喜欢的迷宫游戏的女儿，在不到一个月的时间里，就能够比我们大人更快地完成迷宫游戏，在那个过程中，甚至自己也能够创造迷宫了。孩子的才能和在做自己喜欢事情时候的潜力真的是难以估量的。女儿在两岁时就能够感受到在纸上书写的快乐，我想那就为以后的学习习惯打下了基础吧。

读书给孩子听

孩子超过父母的一瞬间是非常开心的。

孩子会渐渐明白父母所教授之外的世界，和超出父母所想象的世界，那就是作为父母最大的幸福。

有时孩子会表现出让人觉得惊讶的能力。某一天他们突然能够做到我们想都没有想过的事情，我也有好几次甚至怀疑自己的眼睛，为孩子的能力感到惊讶。

人的能力是无限大的。

在孩子们小的时候我每天晚上都会读书给她们听，无论是去旅行还是做其他事情，每天晚上的读书是必不可少的环节。孩子们也会说"到了故事时间了"。母亲读书给她们听的时候，她们是非常享受的。

孩子们喜欢的书已经读了好几遍，甚至都已经变得破旧了。

某一天两岁的大女儿说要给妹妹读书，我微笑着说："还不认识字呢，你就要做出姐姐的样子了。"而大女儿居然可以把图画书上所写的故事一字一句毫不出错地读完。这是一个很长的故事，但是不知不觉中她已经完全记下来了！

这种读书给孩子听的习惯，在她们学英语的时候发挥了很大作用。

去了美国之后，故事时间的书籍就变成了英语书，每天读各种的英语故事给她们听，女儿特别喜欢猴子的故事。

Curious George（*Margret Rey*，*H. A. Rey* 著）

来到美国半年之后的某一天，已经 4 岁的女儿，一只手拿着书一边还嘟嘟囔囔地说着什么，仔细一听，她正在对养的猫读故事。这真是令我惊讶。应该还看不懂英语的女儿，却能够发音正确地朗读出好几页的英语故事了。

就是在这个阶段，孩子们的英语能力快速提高，已经能够和当地的孩子进行正常的交流了，我想这多亏了读书给她们听，使她们习惯了英语独特的语感、停顿方式和发音，英语已经完全地进入了她们的大脑。不仅是英语，如果有孩子特别喜欢的书籍的话，请一定要多读给他们听，直到他们记住，直到这本书变得破旧。

女儿们喜欢看这样的书：

《艾瑞卡尔绘本》（日语版，英语版）

《进入数学世界的图画书》（福音馆书店）

另外还有定期购买的儿童期刊：

《儿童之友》（福音馆书店）

《故事绘本》（儿童读物）

手工卡片和有声教材

说着"那么，学习吧"，孩子们愉快地回答说"好"，这是多么令人开心的事啊！

其实幼儿期的孩子是无法久坐的。让她们坐在桌边，说"快学习吧"，她们也不可能学习很久。我经常会想，是否有办法可以让孩子们自发地快乐学习呢？于是，我找到了以下几个方法：孩子们自然而然想学习的方法，孩子们一边做游戏一边快乐学习的方法，在无意中让他们记住知识的方法，亲子关系更为融洽的学习方法。

这些都是最大限度地使用眼睛和耳朵的学习方法。首先，在家里到处都贴着卡片。桌子上贴着写有"桌子"的卡片。当时因为是在美国，所以在桌子的下面再标注

"desk"。像椅子、冰箱、电视、吸尘器、洗衣机、沙发、墙壁、天花板、花、门……到处都贴着用厚纸做成的卡片。不仅是物体上贴卡片，还会用红色水笔在卡片上写出"（赤）red"，在微笑的标志旁写上"（楽しい）Happy"。渐渐地，门和墙壁上都贴满了写有这些单词的卡片了。

可以书写的内容有很多。重点是不仅要有文字，图画也要一起出现。通过这个方式，左脑和右脑能够同时进行学习。

当我读到这些卡片时，孩子们也会模仿我读出来。这样的话，就不必刻意让她们坐在桌前把书本打开，说"这个是桌子"了。

即使不刻意去记，这些映入眼帘的信息也会自然而然地铭刻在大脑里。这是在日常生活中，用眼睛就能记住的简单方法。当她们的词汇量增加之后，就不再满足于那些手工卡片了，我转而使用市面上出售的更多单词量的卡片。孩子们把汉字作为一个形状来记，这样的话，就连复杂的汉字也能够很容易就记住了。

还有一个需要关注的是使用耳朵的效果。

因为我需要在家做一些简单的工作，所以并不能一整天都和孩子们在一起。有时也会让孩子看电视和录像，但是在我工作的时候，有没有可以让她们有效率学习的方法呢？于是我所发现的，就是每个月订购的图画书和配套的有声材料。

《迪士尼儿童教室》［讲谈社（講談社）］

《迪士尼英语体系》［世界家庭株式会社（ワールド・ファミリー株式会社）］

女儿自己能够操作录音机，磁带中的姐姐可以读书给她听，在翻书的过程中就能听完故事。虽然还是穿着尿不湿的年纪，但是听着这些故事的时候，专注力就能够得到培养。她听录音机时，有时甚至我叫了她好几十遍也不回头看我，专注地听着故事，这件事情让我记忆犹新。我为她能够如此熟练地操作复杂的录音机而感到惊讶。

与此同时，还要重复和记忆。女儿在坐车的时候，或者一个人玩的时候，总是会听着这盘磁带。甚至连翻书时的声音和时间点都能够记住。这就是不仅使用手，也使用眼睛，并且还要使用耳朵，把五感全部使用的有效果的学习方法。能够播放高清画质的 DVD 也很受孩子和家长的欢迎。在书中寻找听到的提示，我认为这种模仿式的学习法是很不错的。

扮演游戏

直到上小学之前，女儿们如果把朋友叫到家里的话，一定会玩扮演游戏。

她们会扮演医生或者公主。

我也经常和女儿们玩扮演游戏。女儿们一旦进入了想象的世界，就会说出一些大人都觉得惊讶的话语，虽然是不可能的事情或者不真实的事情，但也玩得不亦乐乎。有时我对"入戏太深"的女儿真感到没办法。

但是不要因此而打断或者斥责她们。在扮演游戏当中也隐藏着成长的秘密。

比如在扮演公主时，她们能够比平时更快地掌握餐桌礼仪；在扮演老师时，如果我对她们说"试着写自己的名字吧"，她们就会很享受平时在书桌前本来讨厌的文字练习。我感觉她们在扮演老师的角色时，能记住的文字比平时更多。当我和她们一起玩扮演医生角色游戏时，如果告诉她们一些健康小知识和饮食的重要性的话，也许就会成为让她们减少挑食的一个契机。

扮演游戏最大的好处就是，她们会减少抵触情绪。如果说"练习写平假名吧"，孩子们就会抵触说"不要"，但是在扮演游戏的过程中，如果问她们"老师，'そら'这个词应该怎么写呢"，她们就会很认真地告诉我。完全进入角色的时候，她们对这个角色的职责充满了好奇心，因此，看准时机教她们一些新知识的话，孩子就会很乐意接受。

孩子们发挥想象力时是让她们贪婪地吸收新知识的好机会。这时，父母也要和孩子一起参与游戏，最大限度地利用孩子的好奇心。这就是成长的秘密。

小学时代 1：创造良好生活习惯的 3 个创意

女儿们之所以能考上东京大学，就是因为有着良好的"生活习惯"，换言之，"基本能力的积累"是最主要的原因。在这里，我将介绍我所重视的"3 个生活习惯"。

作为零食的自制羹汤

第一个生活习惯就是"饮食"。

我们经常会在意是否"马上出成果"。对于饮食和营养，其效果是不可能马上显现的，因此，它的重要性经常会被忽视。但是，以 1 年、5 年、10 年这样长远的眼光来看，其效果是不容忽视的。比起饭菜的外观，我更重视营养。如果孩子的营养均衡，就能以更好的状态去学习和生活。

对于我来说，可以简单制作并储藏的食物也很重要，因为孩子们要上补习班，所以中间时段的餐食很重要。我不喜欢给孩子吃袋装的糕点和零食，从她们小时候开始，我就给她们吃我亲手做的点心和小食品。

虽说是"亲手制作"，但也并不是每天都吃美味的点心。有时是简单的意大利面，有时是蔬菜沙拉，我还特别喜欢给她们做美味的汤，因为能够使身体暖和，所以相当重要。我重视营养，经常为她们做富含蛋白质的食品。并且我也经常购买大米和黑米，按照7∶3或1∶1的比例为她们做米饭，还有，为了防止蔬菜摄入不足，我还会为她们榨蔬菜汁。下面介绍几种做小食品的方法，仅供参考。

蛋白羹汤

材料：马铃薯、洋葱、胡萝卜若干、一些绿叶菜（放入一些西芹，口感会更好）、带骨鸡肉（火腿或其他肉类亦可）

做法：1. 把鸡肉炒熟。

2. 加入喜欢的蔬菜，和鸡肉一起翻炒。

3. 加些水小火煮。

4. 直到食材变软，加入鸡蛋白，最后加入盐、胡椒。

蛋白丸子

材料：麦芽糖水300克，黑芝麻1量杯，蛋白2量杯，梅子汁1~2勺

做法：1. 把麦芽糖水煮开。

2. 在碗里放入蛋白、黑芝麻、梅子汁搅拌，再放到煮开的麦芽糖水里搅拌。

3. 冷却直到凝固，最后切成小块。

蔬菜沙拉

胡萝卜、白萝卜、黄瓜、西芹等，把这些能生吃的蔬菜切成条，加入奶油、花生、芝士、黄油等搅拌做成沙拉。

蔬菜汁

胡萝卜、苹果、柠檬若干，再加入喜欢的蔬菜，放入搅拌机中打成汁。

这些都是无须花太多时间，却包含着爱意的食物。

我把这种为了孩子想做些什么、想帮助她些什么的心情，融入到了为她们做的食物当中，这些食物能够把这种爱清楚地传递给孩子。让孩子们吃营养丰富、对身体有好处的东西，就是为孩子打造健康身体的生活习惯之一。

父母也要早睡早起

还有一个重要的习惯，那就是早起。睡眠和饮食同样重要，虽然其影响很难用肉眼看见，但是会逐渐影响孩子的身体健康。

大人有时如果睡眠不足，想办法都能撑过去，但是孩子却做不到。他们会焦躁，缺乏专注力，学习的效果也会下降。

然而，虽然父母希望孩子早点睡，但是孩子却还有太多想做的事情，所以往往是无法早睡的。他们也会认为"爸爸妈妈都不早睡，我为什么要早睡"。

所以，我尽量以身作则，首先自己做到早睡早起。虽然有很多要做的事情，但其实只要早上早起就可以了，早上的时间可以非常高效地利用起来。

如果父母不在固定时间睡觉的话，孩子也就无论多晚都不想睡。而且，只能由父母为孩子定下固定的就寝时间，并监督他们执行。养成良好的睡眠习惯是需要花一些时间的。

在固定的时间做固定的事情

早上起床、吃早餐、上学、吃点心、去补习班、吃晚餐、洗澡、睡觉……像这样，生活是有着一定的循环的。在固定的时间做固定的事情，就能够使生活保持一定的节奏。

早上 7：00 吃早餐、晚上 7：00 吃晚餐、9：00 洗澡，等等。如果时间固定的话，孩子就会自然而然地有规律地去做下一件事。因为是自然而然的心情，所以不会有太多的抵触情绪。

养成有规律的生活习惯，在平衡孩子的生活节奏方面会起很大作用。并且，如果保持一定的生活节奏，那么，完成其他的事情也就变得更简单了。这是因为自己很清楚能够自由支配时间。而且，对于所要做的事也不太会有抵触情绪，因此大大地节约了时间。

在固定的时间做固定的事情，这个简单的习惯就会成为节约时间的基本方法。孩子成长到一定年龄之前，都是由父母来决定吃饭的时间和睡觉的时间。如果生活习惯打乱，这绝不是孩子的问题，因为决定生活习惯是我们父母的责任。

打基础的小学时代，也是父母能够帮助孩子培养良好习惯的最后机会。有些父母说"我没有那个时间"，不把培养孩子习惯这件事放在心上，我认为这是不正确的，因为良好的生活习惯是一切成功的基础和前提。

小学时代 2：培养学习习惯的 7 个秘诀

早上起床后洗脸，刷牙，与这些日常的生活习惯一样，我们家还有一个习惯，那就是"早上起床后做一篇练习题"。

做完手边的一篇练习题，然后再吃早饭，这已经成了固定的习惯。

如果形成习惯的话，就会理所当然、毫不犹豫地去做，并且能够坚持下去。所谓理所当然，就是即使不用刻意去考虑，也能够毫无抵触地去做某件事。因为这是身体已经记住的事情，所以双手和大脑自然而然就会动起来。

养成习惯的最大好处，就是当准备开始做一件事的时候，不必在心理适应方面花费太多时间了。

学习方面也是如此，如果孩子养成了"到了几点就是学习时间"的习惯，那么父母就不必特意花费精力劝导孩子去学习了。

当然，对于孩子而言，比起学习，游戏更有吸引力。然而，虽然习惯的养成并不是那么简单，但是如果有了良好的学习习惯作为基础，那么就能够帮助孩子及时地停止游戏转而学习。如果孩子明白遵守习惯的重要性，那么毫无疑问，在几年之后将会产生明显的效果。

那么，接下来我就谈谈我所尝试过的培养学习习惯的7个秘诀吧。

在餐桌上学习

我们家的女儿从小时候开始就是在餐桌上学习的。这样做有很多好处。

一、即使一边做家务或者工作，父母也能够关注到她们。

二、因为有父母的关注，所以孩子们并不会感到寂寞，也不会困倦。

三、因为父母就在身边，所以不懂的题目马上就可以问。

四、吃完点心马上就能学习，学习结束之后马上就能吃饭，因此避免了时间的浪费。

考虑到在餐桌上学习，我们家买了 2 米长的大桌子。如果空间大的话，我想就能够把习题集和参考书尽可能地都摆在桌上进行学习。

在餐桌上学习，对于父母而言一定会有许多不便的地方。但是我却把创造有利于孩子学习的环境放在优先地位来考虑。

营造氛围

即使对孩子们说"快去学习"，他们可能不但没有什么反应，反而有时候越说越有抵触情绪。

因此在我家，如果到了学习的时间，那么其他的家庭成员就会果断地关掉电视，然后快速收拾好餐桌，方便孩子能够马上进行学习。像这样，全家人都在为营造学习的氛围做出努力。

在那个时间里，如果父母也安静读书的话，效果会更好。

重要的是，要营造开始学习的氛围，形成一种条件反射。对父母的催促有抵触情绪的孩子，如果切身感受到开始学习的氛围，就会自然而然地形成"想学习"的心情。这比起用语言催促更有作用。

调整状态

在学校开始上课时，班长会说"起立！注意！敬礼！坐下"，这是对老师表示敬意的方式。这种方式在使学生从休息时间的放松状态转向上课时的认真专注是有作用的，会使学生的头脑转变为上课的"模式"。

到了傍晚五点一定会播放《七个孩子》这首歌，这是宣告游戏结束，该回家了的信号。仅仅听到这首曲子，无论孩子们玩得多开心，都会转换为回家的心情，这就是通过音乐来调整状态吧。

像这样，如果有什么做出准备的声音的话，心态就能顺利地切换。把这种方法也运用于开始学习的习惯中吧！"已经×点了，该学习啦"，只需要这样说就可以了，也可以使用闹钟来提醒。

进入耳朵的声音，会有效地形成条件反射。

张贴任务清单

映入眼中的效果也是不可忽视的。

例如，制作日历形式的"家庭学习安排"，在上面写上需要完成的各种事情，并且贴在家里显眼的地方。那么，这个信息就会提醒大脑，使人产生干劲。

虽然会花费一些时间，但是如果让孩子自己来制作这个清单，这就会成为和自己的约定。孩子确认自己制作的清单，就会成为促使自己行动起来的巨大能量。

以 30 分钟为单位划分时间

在我的记事本上，以 30 分钟为单位记录着日程安排。

在那上面，我列出了"一定要做的事情"和"想做的事情"。通过这个方法，"想做的事情"就会变为"一定要做的事情"。

为什么大多数的记事本都是以 1 小时为单位进行记录，而我却以 30 分钟为单位呢？

那是因为，如果把自己的时间以更短的单位来安排的话，那么在一天之内就能够做更多的事情。

孩子的学习也是一样。孩子很容易对一件事情产生厌倦的情绪，所以，如果把一天按照 30 分钟为单位来安排的话，那么在每一个时间段里就能够加入小的课题，可以很轻松地做更多的事情。

时间越短，就越能发挥专注力。如果知道 30 分钟就结束的话，那么结束之后的快乐时间也能够预见。"如果现在努力的话，待会儿就可以玩了"。

如果能受到表扬，孩子就会越发有干劲。

父母要杜绝独断专行

"×点钟做这个""×点钟做那个"，如果只是由父母来决定规则的话，那么孩子有时候可能无法执行，或者会成为没有决定力的孩子。

在制定学习安排的时候，要和孩子商量之后再决定，这是基本原则。要做什么、什么时候做，让孩子思考是很重要的。

虽然根本性的问题由父母来把握，但是表面的部分请交给孩子自己去做吧。当他无法做决定的时候，可以引导他说"妈妈是这样想的，你是怎么认为的呢"，孩子就会变得容易决定了。

自己做决定，这在孩子的成长过程中是非常重要的因素。正因为是自己做的决定，所以不会归咎于任何人，自己也能够遵守。如果父母决定一切的话，当发生什么的时候，孩子就会归咎于父母。即使父母认为是为了孩子好，但是当有什么问题的时候，孩子就会说"这是妈妈决定的，都怪妈妈"，如果这样的话，真是令父母烦恼啊！

每天的学习量要留有余地

如果孩子在一件事上获得了成功，父母会感到很开心，继而还想让孩子学得更多吧。父母的这种心情我很理解，但是如果孩子被要求做更多的功课，是超出他的承受范围的。"好不容易努力做完了这些，就不必再做那些了吧"，像这样，孩子的劲头就会降低。

让孩子做什么的时候，没有必要让他一定要努力到做不了为止。要想把学习习惯化，那么就需要留有一些余地。正因为是简单轻松就能做成的事情，所以才能够持续下去。

对孩子们而言，"我还能再做更多"就会转变为"我能行"的心情，进而成为他的自信，以及"想做更多"的欲望。无论孩子喜欢学习还是讨厌学习，都取决于父母。

小学时代 3：培养思考力的 3 个指导方法

"指导孩子学习时不能受情绪影响。"这是在某一本教育书籍上写的内容。

即便如此，有时候我还是忍不住会发火或者焦急。接下来我要说的 3 个方法，是我为了防止遗忘而写在笔记本上的事情。

把重点放在培养孩子的思考力上，静静等待。

评价"慢速学习"

大女儿在解题时，特别喜欢寻找不同的方法。

从小时候开始，即使我陪她一块儿做作业，她也似乎并不赞同我教给她的解题方法，而是坚持说"我的方法更好哦"。

的确，有时女儿的解题方法甚至让我不由得击掌叫好。然而，让我感到欣喜的并不仅仅是她的解题方法。有时看到女儿仔细思考其他解题方法的样子，好几次我会感到焦虑，说"已经行了，就用那种方法吧，已经很好了"。

但是，这种"慢速学习"很重要，这是我日后才渐渐明白的。

学习分为两种。

一是"注重数量的学习"。也就是做大量的简单题目，渐渐提高速度的方法。这种方法产生的结果比较明显，所以大家都认为这是不错的方法。

还有一种是"注重思考的学习"。因为思考的过程就是一种学习，所以就算解不开某道题，或者解题速度很慢，不能很快地得出正确答案，但思考本身就有意义。将注意力集中于一处，在大脑里的各个角落搜寻信息，可以使大脑全速运转。

虽然需要花费时间，感觉好像学得很慢，但这是很重要的学习过程。喜欢"解决难题"的孩子，其实是乐在其中吧。

父母要理解这两种学习方法。不要拘泥于快速得出正确答案，而是要关注孩子的思路，对他思考的过程予以肯定。思考力在将来会转变为了不起的力量。

重视数量和培养深入思考的学习方法，都不可忽视。

即使出错也不马上纠正

如果自己做的事被告知是错的，即使是成年人也不会开心吧。

孩子出错时也是如此。父母不要马上指出孩子的错误，教导其纠正。如果被父母指出错误并纠正，孩子心里也不会开心。这种挫败的心情就会影响做下一道题的兴趣。

而且，如果总是一错就被纠正，孩子渐渐地就会丧失自我思考的能力而变得依赖他人。

别人说的答案自己却无法真正掌握。在这种情况下，孩子自认为懂了，但若是再让他做一道类似的题目时，他依然会出错。重要的原因是，他不懂解题方法。

不要将快乐从孩子敏感的内心夺走，同时不要让孩子养成依赖他人的习惯，而是要自己思考，所以，父母不要在孩子出了错时马上纠正。

那么应该怎样处理呢？

根据孩子的不同类型，方法也不同。例如，对"好胜心强"的孩子，如果父母说"这不是错了吗？你到底在干什么"之类的话，孩子的自尊心就会受到伤害，情绪也会低落。好不容易解完了题，却被父母的一句"错了"所打击，他们就再也不想解题了。

对于好胜心强的孩子，父母不要居高临下地给他压力，而是要说"咦？和正确答案不一样哦，这是为什么呢"，这就会促使孩子继续思考。不要说"你错了"，而是说"有点奇怪呢"，敢于把思考的任务交给孩子。父母稍微示弱一些，装出不懂的样子，也不失为一个好办法。那样的话，好胜心强的孩子就会自己思考，为什么自己得出的答案和正确答案不一样。当他明白问题出在哪里的时候，才是真正培养他学习力的机会。

在孩子对于自己最终能够找到正确答案而抱有自信，因为找到了问题所在而欢欣鼓舞时，父母要表示出衷心的喜悦，这样的话，孩子就会对学习越来越有兴趣。

144

那么，如果是"不怎么自信，凡事总是依赖他人"的孩子，该怎么对待呢？

这种类型的孩子，如果父母简单地给予纠正的话，就会越来越加深他的依赖性格。但虽说如此，如果父母只说"你自己想吧"而置之不理的话，他也不可能一个人认真地思考，最终还有可能丧失对学习的兴趣。对这种类型的孩子，要说"咦？答案不对呢，那么，问题出在哪儿呢？我们一起寻找吧"，像这样，以一种游戏的感觉帮助他，逐渐引导他自己思考。在这里"一起"和"游戏的感觉"是关键。

稍微给予孩子一些帮助，但要逐渐地减少父母的参与，最终让他自己思考。并且当孩子找到正确答案时，父母要真心地表现出喜悦之情并给予表扬和鼓励。

"我自己能做到"这种感觉，会培养孩子的自信。

为了更好地激发孩子的干劲，要用适合的话语对孩子说话。在这一点上，父母也需要说话技巧。不要马上纠正孩子的错误，引导孩子让他自己找出正确答案，这才是父母的任务。

培养出孩子的自尊心，让他能够在今后的各种考试中胜出，养成自己思考的习惯尤为重要。

培养"超"擅长科目

我家女儿最擅长的科目，都是英语。当然，很大程度是因为她们是在美国生活过的缘故。但是，她们在小学的时候就从美国回来了，在美国学的英语也只是小学程度。那种英语能力是不可能还保留到现在的，也不可能仅凭那点能力去闯过高考这道关。

那么，是什么原因呢？

这是因为她们回到日本后还在继续学习英语。因为有着比其他孩子更多的自信心，通过后来不断地更努力地学习，才达到现在这种比较高的水平。

在自己擅长的科目上提高能力是有很大效果的。"比较擅长"是没有意义的，只有把这一科目学到"不输给任何人"的程度，才能发挥巨大的能力。

每一个孩子或多或少都有"喜欢这门课""还可以取得更好成绩"的科目吧，每一个家庭对待孩子所擅长的科目的方法也不尽相同。也有父母认为"这门课已经比较擅长了，就先放在一边，在其他科目上努力吧"，或者"每一门科目都要平均对待，倒不如已经擅长的科目先不管了吧"。

当然，在临近考试前夕，有些科目的确还有待提高，所以就没有必要在"已经擅长的科目"上投入过多精力了。但如果还有一些时间，我还是建议大家，让孩子在擅长的科目上再提高一些。

不仅仅是分数的问题，而是因为自信会发挥我们想不到的作用。如果有"超擅长科目"，就会受到周围人的关注，由此便会产生自信。这种自信会推着孩子向前，增强他的干劲。不仅如此，还有助于提高学习效率，会给不擅长的科目乃至自己的性格带来积极的影响。

并且，无论怎么准备，在考试前，孩子一定会感觉到时间紧迫。这时，如果有一门"超擅长科目"的话，就能把剩下的时间都放在其他科目上，在心态上也能得以放松。不管怎么说，所有学校的合格标准都是分数。想要提高分数，与其在不擅长的科目上拼命恶补，倒不如在擅长的科目上拿更多的分。而且，也不会有什么压力。

最后，总结一下"超擅长科目"产生的连锁效果吧。

有"超擅长科目"→在这一门科目上引人注目（获得周围人的认同）→被周围人认为是"学习好（能力高）的孩子"→自然而然要在其他科目上努力（因为自己相信自己能做到）

一门擅长的科目会为自己带来自信，这种自信就会形成上面的关系图。可以说，爱上学习，就是从擅长一门科目开始的！

初中及高中时代：在我家执行的 8 个学习诀窍

孩子上了初中，家长能够直接为他们做的事急剧减少。小学时代都在我面前学习的孩子，上了初中以后，就会回到自己的房间学习了，渐渐地我都无法把握她们的学习状态了。学习的内容也超过了家长的能力范围，甚至开口说些什么都成了一种干扰。

面对着能够独自学习的女儿们，小学时代被她们说成"最可怕"的我，威严也渐渐消失，关于她们的学习我也尽量不多过问。

在这里，我将介绍女儿们说过的"学习诀窍"以及我所采取的"不加以干涉的支持"。

根据孩子的不同，所谓有效的学习方法也不尽相同。并且，由于文理科存在差异，学习方法也大不相同。在我家，两个女儿所采用的学习方法就很不一样。

孩子若要找到适合自己的学习方法，需要很多次尝试。不经过多次尝试，好的想法不会产生。在这里我所列举的种种学习诀窍，希望可以为各位读者提供一些启发。

计算"真正的学习时间"

大学并不需要"天才"，而需要"好好学习"的学生。

所谓"好好学习"，就是"把该做的事好好地做"。把老师布置的作业好好完成，不缺课，掌握需要掌握的知识，这些都是基本的要求。

我们往往倾向于"有没有什么高效的记忆方法""有没有不需要太吃力就能轻松提高成绩的方法"，其实，那种所谓"高效"的方法是不存在的。原本，所谓"高效"，就是"如何高效率地利用时间来学习"，而不是连基本知识都不学，只是一味地寻找所谓"捷径"。

最可怕的是，"自认为自己在学习"。

坐在桌前打开书本，仅仅这样就以为自己在学习，但实际上这只是自欺欺人。不走心地望着书本，不过脑地在纸上写写画画，是没有任何作用的。

如果自我意识到的话还好，但这种"自以为在学习"的状态，孩子往往是意识不到的。

首先，需要意识到"自己到底在做什么"。

这是补习班老师教的方法，用秒表计算自己在一天内真正的学习时间。并不是坐在桌前的时间，而是真正用头脑思考、学习的时间。

把这个时间和睡觉时间相比较，就会发现其实真正学习的时间很短。也会发现"自以为在学习"其实就是在浪费时间。

5 分钟也不浪费

女儿在高考之前，从来没有在电车上坐过，她总是单手拿着教科书站着看。

别人想跟她搭话时，她总是说"抱歉，我现在忙"。

对她来说，乘车时间就是很好的学习时间。正是在电车上，才能集中精神地学习。

一般来说，人的专注力一次最多只能保持 15 分钟。我在研讨会上发表讲话时，也以 15 分钟为限。学习也是一样。比起充裕的时间，在规定时间内做的话会更有专注力，学习效果会更好。时间越短，专注力越高，要利用所有的"缝隙时间"：

上学路上的时间

早上起床到吃早餐之间的时间

学校放学到去补习班上课之间的时间

在候诊室等牙医的时间

我们的日常生活中有很多缝隙时间。不要浪费那些时间。倒不如说，在缝隙时间更能专注地学习。

即使只有 5 分钟，但只要一有时间，就马上开始学习。

不浪费时间，这种意识很重要。用 5 分钟能看完的东西有很多。不断地积累，就能有大的成果。

有人说没有时间，但那只是借口。每一个人每一天都有 24 小时。作为尝试，从早上起床到晚上入睡，在纸上写出你每一个小时所做的事。你将会为缝隙时间之多感到惊讶。

快乐、有效地利用缝隙时间，将会收到良好的效果！

"一心二用" 学习法

"肩膀很痛啊……在按摩椅上坐会儿吧。"

这样说着的女儿，总是一边拿着英语书看，一边做着全身按摩。这样，既学习了知识，又缓解了疲劳。

这是我们家孩子的必胜学习法——"一心二用"。虽说是"一心二用"，但却和像我这种当年临近考试之前，还会一边听着流行的深夜广播一边学习的"一心二用族"不同。并不是一边听着收音机或者看着电视一边学习，而是坐在按摩椅上或者泡澡的时候，或者临睡前看书，也就是和放松方式相结合的"一心二用"。

这种"一心二用"学习法仅限于学习擅长的科目以及没有必要在笔记本上书写的科目，因为这不需要花费太多的精力。喜欢的科目在精神方面的压力很小，能够不断地往前推进。在某种意义上来说，是可以暂时放松的学习。

这样的话，既可以轻松地学习，同时又能放松，让身体得以休息。

虽说是小学时就从美国回来，但毕竟是归国子女，所以与其他科目相比，女儿们都更加擅长英语。大女儿只在按摩椅上学习英语，这就是她的必胜学习法。

但这种方法却不适合学习像数学、物理等需要花费脑力来思考的科目或者不擅长的科目。如果在某些需要背诵的科目上比较擅长的话，就可以和一些有助于放松的方式结合在一起，一举两得。然后再向下一个科目进发，效率就会提高。丢掉那种"必须坐在自己的房间里学习"的想法，消除限制的话，孩子就会找到适合自己的有效率的学习方法。

潦草书写记忆法

在需要背诵的科目上学习的方法因人而异。

我们家两个女儿就采取了不一样的方法。大女儿认为，桌子是解题的地方，而背诵的科目则在电车中或者其他的地方来做。这是她学习理科的缘故吧。而小女儿则要通过书写来记忆。需要记忆的东西就在草稿纸上潦草地涂写，而不会写得很工整。特别需要记的东西就写在另一个本子上，很快，一张草稿纸就写满了需要记住的单词。

因为并不是在做笔记，所以写满了的纸就可以马上扔掉，并不是为了写完后再看。

"书写"本身有许多优点。首先，通过手和眼的活动，可以促进大脑的运转，避免打瞌睡。通过看纸上书写的内容，可以强化记忆。如果一边写一边默念，让耳朵得到刺激，效果会更好。

张贴式笔记法

这是补习班老师推荐的方法。我家的孩子通过这个方法，收到了良好的学习效果。

记笔记的方法因人而异。例如，喜欢用彩色笔把重点处划出来，这种方法经常见之于女孩子做的笔记中。当然，如果把笔记做得很美观的话，是很好的一件事，更加清晰，一目了然。但是，这会占用更多的时间，把学习的时间用来做美观的笔记，这是一种本末倒置的现象。

反之，还有一种方式是，不花太多时间，只是潦草地记下来。的确是节约时间了，但之后再看的话，可能连自己都看不懂上面写了什么。这两种方式都有利有弊。

因此，最好是不花太多时间，又能做出清晰的笔记。在这里我推荐张贴式笔记法。

做法很简单。把教科书、参考书、练习册以及练习题中重点的内容复印下来，贴在笔记本上。并且，在下面写上解题方法。这样的话，下次再看到的时候，既可以看到题目，也可以看到解题方法了。省去了时间，又一目了然。

需要背诵的内容，就复印下来，做成贴纸。

英日互译的题目，就贴英语的题目，在下面写出直译和意译。此方法也适用于古文和汉语练习。

通过这个方法，大幅度地缩短了时间，而且重点和不懂的地方都附加了原题进行了归纳，所以在考试前有这样一本笔记是很有帮助的。

为了给面临考试的孩子们加油，我承担了复印的任务。如果预先帮她们复印好了，必要的时候可以马上剪下来贴在笔记上，那么就能极大地提高效率。并且对于我来说，能够帮助她们是一件很开心的事。

即使是简单地做笔记，也有很多门道呢。

英文小说读书法

我家孩子考试制胜的法宝是什么呢？

有很多原因，但英语无疑是最大的法宝。

在提高英语能力方面，读英语书籍是最有效的。

回到日本后，我也依然让孩子坚持阅读英语书籍。有些英语书籍很轻便，比较适合随身携带。这样的话，随时随地都能看了。

这些书都是孩子感兴趣的内容，绝不会让她们看超出她们能力范围的书籍。她们喜欢动物，所以看的都是一些以动物为主题的故事书。特别要推荐的是系列丛书，因为故事有连贯性，读完了一本，还想看下一本。

Thoroughbred（Joanna Campbeu 著/系列丛书/Harper Entertainment）

Heartland（Lauren Brooke 著/系列丛书/Scholastic Paperbacks）

Saddle Club（Bonnie Bryant 著/系列丛书/Scholastic Paperbacks）

Guardians of Gahoole（Kathryn Lasky 著/系列丛书/scholastic Paperbacks）

Harry Potter（J. K Rowling 著/系列丛书）

除此以外，还有 scholastic Paperbacks 出版的其他英语书籍。

以上都是适合小学低年级的孩子们阅读的英语故事书。

关于英语，我认为阅读量和能力是成正比的。为了习惯英语特有的叙事方式，不要选择太难的内容，而是要注重数量。如果阅读大量的英语书籍，就能使阅读的速度得到锻炼，如果速度提高了，那么就能更高效地解答英语题了，这样，在考试中会产生很好的效果。

最近在日本也能轻松购买到西方的书籍了，虽然如此，但习惯却不是一朝一夕能养成的，为了培养出好习惯，必须从简单的内容入手，以适度的量，每天不断地坚持阅读。

有点不一样的创新学习法

女儿们的学习方法，与我当年考大学时不太一样。因为我自认为自己的方法是没问题的，所以看到女儿们不一样的学习方法时，会暗暗怀疑"那样真的可以吗"。能够提高学习效果的方法还真是因人而异呢。

一边进行腹肌锻炼一边背诵

（血压上升就更能专注，而且同时避免运动不足的问题）

一边玩保龄球，一边将要记的内容编成歌曲唱出来

（看起来好像是在玩，但提高了记忆效率）

不收拾房间

（在床上散落的练习题，孩子自己心里有数，如果收拾整齐的话反而找不到了）

困的时候就睡

（重视专注力，困的时候睡 20 分钟左右有利于大脑更清晰）

从感兴趣的科目开始

（不要规划时间，用直觉来选择要学习的科目。如果有兴趣的话，效率也会更高。对于不喜欢的科目，等到有兴趣的时候再一举拿下吧）

这些让我曾经质疑的学习法，因为相信孩子，现在我也接受了。不要把大人的意见强加给她们，以更包容的心去观望吧。因为孩子才是最想在考试中合格的人啊！

父母100％的协助

我曾经问努力学习的女儿"希望妈妈做什么呢"。

女儿回答说"你陪着我就行了"。

这真是让我差点热泪盈眶的回答啊！临近考试，孩子已经不再对父母提出过多的要求了。所以，我们只需要陪在她的身边，默默地守护着她就好。

我们做父母的，总想为孩子做些什么，忍不住插手，但那其实只是自我满足而已。不要做"自己想做的"，而是做"孩子希望我们做的"，要用心去体察孩子究竟需要什么。我想，那就是100％的协助吧。

备考是很孤独的。

那个时候，如果孩子知道父母陪在自己身边，当有事发生时会支持自己，任何事都能与自己产生共鸣的话，他的心中就会安定许多。

曾记得在模拟考试中女儿们名列前茅，这对于她们而言是最大的鼓励和奖赏，我也为她们感到高兴。

到了最后的阶段，其实我们所能做的，只有与她们一起烦恼，一起思考，一起怀揣梦想。

后　记

我们人类会为发生变化的事而感到不安。

因为无法预测变化之后的结果，而且也会在意别人如何看待自己。

在发生变化的时候，需要能量。

我也曾经认为自己是不会改变的。特别是在成为母亲之后，为了不对孩子产生不利影响，我坚持自己的"不变"。

我一直认为，既然身为母亲，就要有坚定的立场，任何时候都要让孩子们看到平稳如常的自己。但是真正去培养孩子时，就会发现和理想中的情况还是大不相同的。

总是想成为"优秀母亲"，并且也希望别人这样看待自己，在面对孩子时却也有不知所措的时候。

孩子们成长得很快，昨天还做不到的事，今天已经熟练掌握。昨天还那样说，今天却已有不同看法。正因为孩子会有如此改变，所以身为父母也要随机应变。或者也可以说，是不得不变吧！

我们家的女儿们现在已经成为大学生了。在竭尽全力地培养孩子的过程中，虽然有很多的失败，但是终于走到了今天这一步。虽然并不知道培养孩子的正确方法，但如果不尝试一下的话就更不知道，所以不断地在探索。

尽管还不知未来如何，但是回首看来，自己培养孩子的方式都算是成功的。

女儿经常说"妈妈和以前不同了"。

我想是因为我现在已经变得相当坚强了。为了守护孩子，为了给她们加油，我才改变了吧。

一开始害怕改变，现在却很享受这种改变。就算是父母也是可以改变的。抛掉"因为是父母，所以必须××"，"不许××"的概念，稍微让自己自由一些的话，我自己也会变得更加精神饱满，更加积极向上，也更能够接受现在的自己。

我渐渐地开始享受作为一个母亲的感觉。并且，我想把我这种快乐的心情传递给孩子。每一个孩子最开心的事情莫过于父母看起来很快乐。父母快乐的心情一定会感染最珍爱的孩子。

我喜欢每一个人。

喜欢和别人相处，和别人谈话，和别人一块儿吃饭……

总之我喜欢每一个人。

迄今为止，我的人生都是因为得到了周围人的支持才得以实现的。

养育我并且支持我到现在的父母。

让我认识到工作魅力的学生时代的朋友们。

在孩子小时候和我交流育儿信息、帮我拿主意的朋友们。

在美国认识的，让我发现了自身价值的美国妈妈们。

在美国学校给予什么还不懂的我细心指导的老师们。

在日本学校相识的教导孩子们如何适应日本生活的朋友和妈妈们。

在日本学校关于教养和教育给了我很多指导的老师们。

直到两个女儿通过考试之前都耐心指导她们的补习班老师们。

给了在女儿考试结束之后终于回归社会的我很多关于工作方面的指导、现在也和我一起向前的同事们。

生下孩子之后，给了我很多支持的家人们……

我要向陪伴在我身边，支持我的各位表示衷心的感谢。

都说孩子是无法挑选父母的。两个成为我的女儿的、无可替代的天使，正因为有你们，我才能成为现在的我，才能成为如此幸运的我。

真心的感谢，感谢，感谢……

作者寄语

本书的初版《让孩子自发学习的方法》于 2009 年 3 月发行。对于在那之前一直专心于做一个母亲的我，这是我的第一本书，而这本书也引导我走向写作的道路。写文章、传递信息，这件事情对我而言有着重大的意义。在那之后，可以说我的人生有了 180 度的转变，产生了重大的变化。

现在以不同的形式再次送给各位读者这本饱含我深深回忆的书，对此我感到十分幸运。与此同时，回首这六年半，我再次深切感受到时间流逝之快，在这期间发生了很多变化和种种的事情，孩子们所处的环境也产生了巨大的改变。

比起我作为考生母亲的那段时间，现在孩子们的教育环境已经发生了很大变化，而且前途也更加富有多样性。虽然现在已经考上了东京大学，但是国外留学生数量增加，低年级留学的人数也越来越多，可以学习的东西也越来越多，再加上在这个信息化的社会、智能化的时代，母亲越来越难在纷繁复杂的种种选项中做出选择。

父母在培养孩子方面的烦恼越来越多样化。曾经没有的"SNS"（社交网络）的问题，现在已经超出了父母可以控制的范围，成了不可防御的社会课题，而且将来这种倾向也会越来越明显。母亲在家庭中的角色也发生了改变，结婚后不放弃工作的母亲急剧增加，在完成对孩子的培育之后回归社会的母亲也越来越早期化了。家庭形态也产生了变化，单身母亲也越来越多。孩子们所置身的环境在这六年半之内真的有很大的改变，将来一定还会继续变化下去吧。

但是，无论环境怎样改变，价值观如何多样化，还是会有不变的东西。那就是父母在教育孩子方面所花费的精力，以及他们为了孩子好的心情。也就是说，父母对孩子的爱是不会变的。

在什么样的时代，怎样的环境下，以什么样的价值观来培养孩子，从成为父母的那一天开始，父母的人生就已经和孩子紧密相连，每一天都充满了对孩子的爱。

正是因为这种强烈的爱，才会在培养孩子中产生烦恼和种种问题，这也是在任何一个时代都有的普遍现象吧。

任何一个时代，任何一个国家，都会有为培养孩子而烦恼的父母，可以说有这些烦恼是父母的特权。

在这样的背景之下，这本书长年在培养孩子的母亲当中被广泛阅读，而且，令人感到可喜的是，这本书在增量印刷，也翻译成了中文，跨出国门被更多的母亲们阅读。其原因就是，和各位读者一样，我也是一名母亲，都是因为爱着孩子才苦心培养他们。

这本书在出版后，收到了来自全国的数量众多的意见和感想。获得感想最多的是"产生了共鸣"。我把在培养孩子的过程中每一天所发生的事就这样付诸文字，所以获得了众多读者广泛的共鸣。关于学习，曾经身为教育型妈妈的我的一些心得，包括一些应该自我反省的地方，都得到众多读者的共鸣。

在培养孩子方面必须全力以赴。虽然很清楚这一点，但是也有一些是无用功。有些父母如果说起孩子的学习，就会生气或无奈。我想，这就是父母吧。我把我所经历的那些日子毫无保留地叙述出来，所以有着同样经历和感受的母亲们也都说"我们家也是这样的"。看这本书这就像和朋友聊天一样。作为作者的我，也仿佛成了一名"专业母亲"。以前虽然关于培养孩子有着种种不安和烦恼，但现在自己的视野已经得以扩展，因为我发现，除了改变自己对事情的理解方式以外，没有别的解决方案。

换句话说，父母只有改变了自身的意识和所说的话语，以前的烦恼才会烟消云散。

前段时间一位母亲 A 对我说"最了解我的，只有我的枕头"。听说 A 也正在为参加中考的两个孩子而全力以赴。孩子有自己想去的学校，但是却不太愿意学习，也跟不上补习班的课程，被她的丈夫说是不是对孩子的学习太过于放松了……由于每天过度的压力导致身体不适，"如果自己病倒的话就会影响孩子了……"每当焦虑的时候，她就会把头埋在枕头里，大声喊叫，流着泪自责……有时也会击打或者扔枕头来发泄压力。这样一番之后，又能再次以笑脸面对孩子……这就是无法用语言掩饰的现实情况。

父母一定都是为培养孩子而全力以赴的。例如，对 A 建议说"不要那么在意，最好不要自责"，这样有用吗？对 A 的内心一无所知，即使给出建议，也只会让她更加烦恼和困惑，没有任何帮助。之所以培养孩子会产生烦恼，其实是因为自己的思考方式、理解方式，以及所看到的世界发生改变。作为实践的场合，也作为让处在培养孩子过程中的父母集中学习的地方，我决心设立"母亲专业学习班"。

在写这本书时，全国母亲都有的烦恼之大之深，让我震撼。

10 个家庭有 10 种培养孩子的方法。根据每个家庭的情况，这些方法的实践也是各不相同的。因为孩子的个性千差万别，所以适合孩子的培养方法也各不相同。并没有培养孩子的绝对正确的方法，我只希望各位成为有自信的父母。

培养孩子其实也需要有自己的人生。怎样才能培养孩子呢？当这样的想法变为"自己要成为怎样的父母呢"，对培养孩子的烦恼也许就会减轻一些。培养孩子的这种行为，就会成为自己所选择的人生。

最后，我想告诉你们，你们认为培养孩子很不容易的时间其实会比你们想象的短。孩子的成长是很快的，因此能够和孩子们一起度过的现在也只是一瞬间。正因为这样，更要重视和孩子们在一起的时间。面对着孩子，对培养孩子感到烦恼的时期，在长长的人生中只是短短的一瞬。当孩子们走上社会，能够自立，和孩子们吵架度过的每一天都会成为我所怀念的片段。所以，对有机会培养孩子，我充满了感谢。我知道这很难，但是要珍惜和孩子在一起的现在，我要把这个信息传递给正处于培养孩子过程中的各位父母。

作为这本书的结束语，我要说，在我的人生中最有意义、最富有活力而且最宝贵的时间，就是和孩子们度过的每一天，正因为有了那个时候才有了现在的自己。

2015 年 7 月

江藤真规